法律法规大字实用版系列

中华人民共和国 农村土地承包法

·大字实用版·

法律出版社法规中心 编

法律出版社
LAW PRESS·CHINA
北京

图书在版编目(CIP)数据

中华人民共和国农村土地承包法：大字实用版／法律出版社法规中心编. -- 北京：法律出版社，2023
（法律法规大字实用版系列）
ISBN 978-7-5197-7865-1

Ⅰ.①中… Ⅱ.①法… Ⅲ.①农村土地承包法－中国 Ⅳ.①D922.32

中国国家版本馆 CIP 数据核字（2023）第 069171 号

| 中华人民共和国农村土地承包法（大字实用版）
ZHONGHUA RENMIN GONGHEGUO
NONGCUN TUDI CHENGBAOFA（DAZI SHIYONGBAN） | 法律出版社
法规中心 编 | 责任编辑 李 群 陈 熙
装帧设计 汪奇峰 臧晓飞 |

出版发行	法律出版社	开本	A5
编辑统筹	法规出版分社	印张 5.75 字数 147 千	
责任校对	张红蕊	版本	2023 年 8 月第 1 版
责任印制	耿润瑜	印次	2023 年 8 月第 1 次印刷
经　　销	新华书店	印刷	北京金康利印刷有限公司

地址：北京市丰台区莲花池西里 7 号（100073）
网址：www.lawpress.com.cn　　　　　　销售电话：010-83938349
投稿邮箱：info@lawpress.com.cn　　　　客服电话：010-83938350
举报盗版邮箱：jbwq@lawpress.com.cn　　咨询电话：010-63939796
版权所有·侵权必究

书号：ISBN 978-7-5197-7865-1　　　　　　　定价：21.00 元
凡购买本社图书，如有印装错误，我社负责退换。电话：010-83938349

编辑出版说明

"法者,天下之准绳也。"在法治社会,人们与其生活的社会发生的所有关系,莫不以法律为纽带和桥梁。人与人之间即是各种法律关系的总和。为帮助广大读者学法、知法、守法、用法,我们组织专业力量精心编写了"法律法规大字实用版系列"丛书。本丛书具有以下特点:

1. 专业。出版机构专业:成立于1954年的法律出版社,是全国首家法律专业出版机构,有专业的法律编辑队伍和标准的法律文本资源。内容专业:书中的名词解释、实用问答理据权威、精准专业;典型案例均来自最高人民法院、最高人民检察院发布的指导案例、典型案例以及地方法院发布的经典案例,在实践中起到指引法官"同案同判"的作用,具有很强的参考性。

2. 全面。全书以主体法为编写主线,在法条下辅之以条文主旨、名词解释、实用问答、典型案例,囊括了该条的标准理论阐释和疑难实务问题,帮助读者全面构建该条的立体化知识体系。

3. 实用。实用问答模块以一问一答的方式解答实务中的疑难问题,读者可按图索骥获取解决实务问题的答案;典型案例模块精选与条文密切相关的经典案例,在书中呈现裁判要旨,读者可按需扫描案例二维码获取案例全文。

4. 易读。采用大字排版、双色印刷,易读不累,清晰疏朗,提升了阅读体验感;波浪线标注条文重点,帮助读者精准捕捉条文要义。

书中可能尚存讹误,不当之处,尚祈读者批评指正。

法律出版社法规中心

2023 年 8 月

目　录

中华人民共和国农村土地承包法

第一章　总则 …………………………………………… 002
　第一条　立法目的 …………………………………… 002
　第二条　农村土地范围 ……………………………… 002
　第三条　农村土地承包经营制度和农村土地承包方式 …… 003
　第四条　土地的所有权性质不变 …………………… 005
　第五条　农村集体经济组织成员享有土地承包权 …… 006
　第六条　保护农村妇女承包土地权利 ……………… 007
　第七条　农村土地承包坚持公开、公平、公正原则 …… 008
　第八条　保护农村土地承包中双方当事人的合法权益 …… 008
　第九条　三权分置 …………………………………… 010
　第十条　保护土地经营权流转中双方当事人的合法权益 …… 011
　第十一条　在农村土地承包经营中应当注意保护土地资源 …… 012
　第十二条　农村土地承包经营主管部门 …………… 013
第二章　家庭承包 ……………………………………… 014
　第一节　发包方和承包方的权利和义务 …………… 014
　　第十三条　确定发包方 …………………………… 014

第十四条　发包方权利 ·················· 015
　　第十五条　发包方义务 ·················· 016
　　第十六条　承包主体和家庭成员平等享有权益 ········ 017
　　第十七条　承包方权利 ·················· 018
　　第十八条　承包方义务 ·················· 019
第二节　承包的原则和程序 ················· 020
　　第十九条　土地承包原则 ················· 020
　　第二十条　土地承包程序 ················· 021
第三节　承包期限和承包合同 ················ 023
　　第二十一条　土地承包期限 ················ 023
　　第二十二条　承包合同形式和合同主要条款 ········· 024
　　第二十三条　承包合同生效以及土地承包经营权取得 ···· 025
　　第二十四条　土地承包经营权登记 ············· 026
　　第二十五条　发包方不得随意变更或者解除承包合同 ···· 028
　　第二十六条　国家机关及其工作人员不得干涉农村土地
　　　　　　　　承包或者变更、解除承包合同 ········· 029
第四节　土地承包经营权的保护和互换、转让 ········· 030
　　第二十七条　承包地收回 ················· 030
　　第二十八条　承包地调整 ················· 031
　　第二十九条　应当用于调整承包土地或者承包给新增人
　　　　　　　　口的土地 ·················· 031
　　第三十条　承包方自愿交回承包地 ············· 033
　　第三十一条　保护妇女的土地承包经营权 ·········· 033
　　第三十二条　土地承包经营权继承 ············· 034
　　第三十三条　土地承包经营权互换 ············· 034
　　第三十四条　土地承包经营权转让 ············· 035

第三十五条　互换、转让土地承包经营权的登记 …………… 036
第五节　土地经营权
  第三十六条　土地经营权设立 …………………………… 037
  第三十七条　土地经营权人的权利 ……………………… 037
  第三十八条　土地经营权流转原则 ……………………… 038
  第三十九条　土地经营权流转价款 ……………………… 038
  第四十条　土地经营权流转合同 ………………………… 039
  第四十一条　土地经营权登记 …………………………… 041
  第四十二条　土地经营权流转合同单方解除权 ………… 041
  第四十三条　土地经营权受让方可以依法投资并获得补偿 …… 042
  第四十四条　承包方流转土地经营权后与发包方承包关系不变 ……………………………………………… 042
  第四十五条　社会资本取得土地经营权的资格审查等制度和集体经济组织收取管理费用 …………… 043
  第四十六条　土地经营权受让方再流转土地经营权 …… 044
  第四十七条　土地经营权融资担保 ……………………… 045

第三章　其他方式的承包 ……………………………………… 047
  第四十八条　家庭承包之外的其他承包方式 …………… 047
  第四十九条　以其他方式承包农村土地应当签订土地承包合同、承包方取得土地经营权 …………… 047
  第五十条　"四荒"地等土地承包经营方式 …………… 048
  第五十一条　以其他方式承包农村土地，本集体经济组织内部成员在同等条件下有权优先承包 …… 048
  第五十二条　以其他方式将农村土地承包给本集体经济组织以外的单位和个人应遵循的发包程序 …… 049
  第五十三条　以其他方式承包取得的土地经营权流转 …… 050

第五十四条　以其他方式承包取得的土地经营权继承 …… 051

第四章　争议的解决和法律责任 …………………… 052

　　第五十五条　争议解决途径 ………………………… 052

　　第五十六条　侵害土地承包经营权、土地经营权应承担民事责任 …………………………………… 053

　　第五十七条　发包方民事责任 ……………………… 053

　　第五十八条　承包合同有关内容无效 ……………… 055

　　第五十九条　违约责任 ……………………………… 055

　　第六十条　强迫承包方进行土地承包经营权互换、转让或者土地经营权流转无效 …………………… 055

　　第六十一条　擅自截留、扣缴收益应予退还 ……… 056

　　第六十二条　非法征收、征用、占用土地或者贪污、挪用土地征收、征用补偿费用应承担的法律责任 …………………………………………… 057

　　第六十三条　承包方、土地经营权人违法将承包地用于非农建设的行政责任，以及承包方给承包地造成永久性损害所应承担的民事责任 …… 058

　　第六十四条　土地经营权人有关违法行为民事责任 … 059

　　第六十五条　国家机关及其工作人员法律责任 …… 059

第五章　附则 …………………………………………… 061

　　第六十六条　对本法实施前已按国家有关规定形成的农村土地承包关系予以法律确认 …………… 061

　　第六十七条　机动地预留限制 ……………………… 062

　　第六十八条　授权省级人大常委会制定实施办法 … 063

　　第六十九条　农村集体经济组织成员身份确认 …… 063

　　第七十条　施行日期 ………………………………… 063

附录

一、登记管理 ································· 064
不动产登记暂行条例（2019.3.24 修订） ············· 064
不动产登记暂行条例实施细则（2019.7.24 修正） ····· 072
农村土地承包合同管理办法（2023.2.17） ············ 103

二、流转管理 ································· 112
农村土地经营权流转管理办法（2021.1.26） ·········· 112
农村土地经营权流转交易市场运行规范（试行）（2016.
6.29） ··· 119

三、纠纷解决 ································· 126
中华人民共和国农村土地承包经营纠纷调解仲裁法
（2009.6.27） ·································· 126
农村土地承包经营纠纷仲裁规则（2009.12.29） ······· 137
农村土地承包经营纠纷调解仲裁工作规范（2013.
1.15） ··· 150
农业部关于加强基层农村土地承包调解体系建设的
意见（2016.5.24） ······························ 163
最高人民法院关于审理涉及农村土地承包纠纷案件
适用法律问题的解释（2020.12.29 修正） ·········· 167
最高人民法院关于审理涉及农村土地承包经营纠纷
调解仲裁案件适用法律若干问题的解释（2020.
12.29 修正） ··································· 173

中华人民共和国农村土地承包法

- 2002年8月29日第九届全国人民代表大会常务委员会第二十九次会议通过

- 2002年8月29日中华人民共和国主席令第73号公布

- 根据2009年8月27日第十一届全国人民代表大会常务委员会第十次会议《关于修改部分法律的决定》第一次修正

- 根据2018年12月29日第十三届全国人民代表大会常务委员会第七次会议《关于修改〈中华人民共和国农村土地承包法〉的决定》第二次修正

第一章　总　则

◆ **第一条　立法目的**[*]

为了巩固和完善以家庭承包经营为基础、统分结合的双层经营体制，保持农村土地承包关系稳定并长久不变，维护农村土地承包经营当事人的合法权益，促进农业、农村经济发展和农村社会和谐稳定，根据宪法，制定本法。

实用问答

农村土地承包经营，可以改变土地的所有权性质吗？

答：根据《农村土地承包合同管理办法》第2条的规定，农村土地承包经营应当巩固和完善以家庭承包经营为基础、统分结合的双层经营体制，保持农村土地承包关系稳定并长久不变。农村土地承包经营，不得改变土地的所有权性质。

◆ **第二条　农村土地范围**

本法所称农村土地，是指农民集体所有和国家所有依法由农民集体使用的耕地、林地、草地，以及其他依法用于农业的土地。

---

[*] 条文主旨为编者所加，下同。——编者注

实用问答

开荒后用于农耕而未交由农民集体使用的国有土地，属于《农村土地承包法》第 2 条规定的农村土地吗？

答：根据《最高人民法院关于国有土地开荒后用于农耕的土地使用权转让合同纠纷案件如何适用法律问题的批复》的规定，开荒后用于农耕而未交由农民集体使用的国有土地，不属于《农村土地承包法》第 2 条规定的农村土地。此类土地使用权的转让，不适用《农村土地承包法》的规定，应适用《民法典》和《土地管理法》等相关法律规定加以规范。

◆ **第三条　农村土地承包经营制度和农村土地承包方式**

国家实行农村土地承包经营制度。

农村土地承包采取农村集体经济组织内部的家庭承包方式，不宜采取家庭承包方式的荒山、荒沟、荒丘、荒滩等农村土地，可以采取招标、拍卖、公开协商等方式承包。

名词解释

家庭承包方式，是指农村集体经济组织的每一个农户家庭全体成员为一个生产经营单位，作为承包人承包农民集体的耕地、林地、草地等农业用地；对于承包地，按照本集体经济组织成员人人平等地享有一份的方式进行承包。

1. 家庭承包的耕地的承包期为多少年？草地的承包期为多少年？林地的承包期为多少年？

答：根据《土地管理法》第13条的规定，家庭承包的耕地的承包期为30年，草地的承包期为30年至50年，林地的承包期为30年至70年；耕地承包期届满后再延长30年，草地、林地承包期届满后依法相应延长。

2. 承包治理荒山、荒沟、荒丘、荒滩和承包水土流失严重地区农村土地的，在依法签订的土地承包合同中应当包括哪些内容？

答：根据《水土保持法》第34条的规定，承包治理荒山、荒沟、荒丘、荒滩和承包水土流失严重地区农村土地的，在依法签订的土地承包合同中应当包括预防和治理水土流失责任的内容。

典型案例

张某等与曹某杰等农村土地承包合同纠纷案[①]

要旨：农村土地承包经营合同是取得土地承包经营权的方式和条件，以固定农户承包的土地亩数，但合同的签订并不影响在农户内部现有全体家庭成员共同享有该土地流转收益的权利，不以签订合同时确定的家庭成员为限；农户家庭成员死亡的，该家庭成员在承包期内获得的承包收益，按照《继承法》的规定发生继承，但仅以其死亡时已经获得

---

① 参见北京市第三中级人民法院（2015）三中民终字第11238号民事判决书。

或虽尚未取得但已经投入资金、付出劳动即将取得之情形为限，不包括死亡后承包土地新产生的流转收益。

◆ 第四条　土地的所有权性质不变

农村土地承包后，土地的所有权性质不变。承包地不得买卖。

实用问答

农村和城市郊区的土地，除由法律规定属于国家所有的以外，属于哪里所有？

答：根据《土地管理法》第9条的规定，农村和城市郊区的土地，除由法律规定属于国家所有的以外，属于农民集体所有；宅基地和自留地、自留山，属于农民集体所有。

典型案例

刘某1、刘某2赡养费纠纷案[①]

要旨：刘某1与刘某2签订的《赡养继承协议书》是以将14.2亩土地所有权赠予被告刘某2为前提的赡养协议，但该协议所约定的内容因违反《农村土地承包法》《民法典》的有关强制性、效力性规定，应属无效协议，刘某2因该协议取得的土地，应当予以返还。同时，赡养父母是子女应尽的义务，在父母年老时，子女应当履行对老年人经

---

① 参见黑龙江省克东县人民法院（2023）黑0230民初394号民事判决书。

济上供养、生活上照料和精神上慰藉的义务，子女不履行赡养义务时，无劳动能力或生活困难的父母，有要求子女给付赡养费的权利。赡养费应以满足被赡养人日常实际需求，并结合当地经济水平、赡养人的经济能力综合确定。本案中，刘某1已经69周岁，除耕地收入外，无其他经济来源，现其要求二子刘某2、刘某3给付赡养费，符合法律规定，并且300元/月的赡养费标准亦未超过法律规定，故本院对刘某1要求长子刘某2、次子刘某3给付赡养费的诉讼请求依法予以支持。

◆ **第五条　农村集体经济组织成员享有土地承包权**

农村集体经济组织成员有权依法承包由本集体经济组织发包的农村土地。

任何组织和个人不得剥夺和非法限制农村集体经济组织成员承包土地的权利。

 典型案例

何某丹诉何某芳共有纠纷案[①]

要旨：根据《农村土地承包法》第5条第1款"农村集体经济组织成员有权依法承包由本集体经济组织发包的农村土地"、第16条第1款"家庭承包的承包方是本集体经济组织的农户"及第17条第4项承包方享有"承包地被依法征收、征用、占用的，有权依法获得相应的补

---

① 参见广西壮族自治区南丹县人民法院（2019）桂1221民初593号民事判决书。

偿"的规定，何某丹虽然不在村内居住生活，但是其户口一直未迁出，且根据2018年10月南丹县人民政府发放的《农村土地承包经营权证》，何某丹一直是何某芳家庭户成员，应享有土地承包权，该户的承包土地被依法征收后，何某丹作为家庭成员依法享有分割征地补偿款资格，对共同共有的征地补偿款应按等分原则得到分配，故何某丹要求分割征地补偿款的主张，事实清楚，证据充分。何某芳辩称根据该村风俗习惯，何某丹不享有分配权，但是任何风俗习惯不能与法律规定相冲突，不能以损害他人合法权益为代价。对好的风俗习惯应该发扬，但是对损害他人合法权益的风俗习惯应该予以摒弃。因涉案补偿款中包含青苗补助费，且自从当事人父亲去世后，何某芳、何某英一直在该村生活，但何某丹一直未在该村生活和劳作过，故青苗补助费应归何某芳所有。何某英不要求分割，故不再审理。何某香主张分割，但其婚后将户口迁入桂平市，其实际生产生活已不在该村，已不是该村村集体成员，何某芳户户口登记簿及《农村土地承包经营权证》也未登记有其名字，故不予支持。除青苗补助费由何某芳个人所有外，剩余的1,455,137.96元应与何某丹平均分割，现何某丹主张其应分得491,294.37元未超出其应分份额，故予以支持。

◆ **第六条　保护农村妇女承包土地权利**

农村土地承包，妇女与男子享有平等的权利。承包中应当保护妇女的合法权益，任何组织和个人不得剥夺、侵害妇女应当享有的土地承包经营权。

实用问答

侵害妇女合法权益，导致社会公共利益受损的，在哪些情形下，检察机关可以依法提起公益诉讼？

答：根据《妇女权益保障法》第 77 条的规定，侵害妇女合法权益，导致社会公共利益受损的，检察机关可以发出检察建议；有下列情形之一的，检察机关可以依法提起公益诉讼：（1）确认农村妇女集体经济组织成员身份时侵害妇女权益或者侵害妇女享有的农村土地承包和集体收益、土地征收征用补偿分配权益和宅基地使用权益；（2）侵害妇女平等就业权益；（3）相关单位未采取合理措施预防和制止性骚扰；（4）通过大众传播媒介或者其他方式贬低损害妇女人格；（5）其他严重侵害妇女权益的情形。

◆ **第七条　农村土地承包坚持公开、公平、公正原则**

农村土地承包应当坚持公开、公平、公正的原则，正确处理国家、集体、个人三者的利益关系。

◆ **第八条　保护农村土地承包中双方当事人的合法权益**

国家保护集体土地所有者的合法权益，保护承包方的土地承包经营权，任何组织和个人不得侵犯。

实用问答

农村土地承包中，发包方和承包方的权利义务、土地承包经营权的保护和流转等，应当适用哪些规定？

答：根据《农业法》第 10 条的规定，农村土地承包经营的方式、期限、发包方和承包方的权利义务、土地承包经营权的保护和流转等，适用《土地管理法》和《农村土地承包法》。

 典型案例

朱某凤诉黎某文土地承包经营权纠纷案[①]

要旨：湖南省桑植县人民法院经审理认为：国家保护集体土地所有者的合法权益，保护承包方的土地承包经营权，任何组织和个人不得侵犯。根据《农村土地承包法》第33条的规定，承包方之间为方便耕种或者各自需要，可以对属于同一集体经济组织的土地的土地承包经营权进行互换，并向发包方备案。朱某凤和黎某文互换土地的行为违反了《农村土地承包法》的规定。2007年，桑植县人民政府向双方颁发的农村土地承包经营权证，并不是双方取得土地承包经营权的要件，县政府作为登记机构颁发土地承包经营权证，是一种行政登记行为，不是物权设立的公示方法，该土地承包经营权证仅是证权凭证不是设权凭证，仅起证明作用，双方可向相关登记部门申请变更登记，现朱某凤对双方争议土地"陀巴田"并未取得土地承包经营权，故对其要求黎某文停止侵权、排除妨碍并赔偿损失的诉请，于法无据，不予支持。

---

① 参见湖南省桑植县人民法院（2019）湘0822民初1705号民事判决书。

◆ 第九条　三权分置

承包方承包土地后，享有土地承包经营权，可以自己经营，也可以<u>保留土地承包权</u>，流转其承包地的土地经营权，<u>由他人经营</u>。

实用问答

承包方委托发包方、中介组织或者他人流转土地经营权的，流转合同应当如何签订？

答：根据《农村土地经营权流转管理办法》第18条的规定，承包方委托发包方、中介组织或者他人流转土地经营权的，流转合同应当由承包方或者其书面委托的受托人签订。

典型案例

姜某山诉北京市平谷区马昌营镇
前芮营村民委员会土地承包经营权纠纷案[1]

要旨：承包合同自成立之日起生效，承包方自承包合同生效时取得土地承包经营权。前芮营村委会于1998年9月1日将涉案2.7亩土地发包给姜某山承包经营，双方之间已形成土地承包合同关系，且未违反法律、行政法规的强制性规定，应属有效，姜某山依法取得涉案2.7亩承包地的土地承包经营权。2000年前芮营村委会对全村承包地统

---

[1] 参见北京市第三中级人民法院（2018）京03民终11294号民事判决书。

一进行调整，姜某山承包地调整至本村"新平地"地块，此后至2016年，前芮营村委会数次对全村承包地统一进行调整，每次调整均重新确定承包地所在地块及承包期限，而且随着承包户家庭人口变化，承包地面积亦随之变化。前芮营村委会于2000年对全村承包地统一进行调整时，虽然前芮营村委会与姜某山并未明确表示解除双方于1998年9月1日签订的《土地承包合同书》，但姜某山自2000年起至今，并未实际经营涉案2.7亩土地，且涉案土地发包给他人经营以及2013年因平原植树造林被占用期间，姜某山均未提出异议。自2000年起，前芮营村委会每次对全村承包地统一进行调整，前芮营村委会与承包户之间均形成新的土地承包合同关系。因此，前芮营村委会与姜某山于1998年9月1日签订的《土地承包合同书》，已于2000年前芮营村委会对全村承包地统一进行调整时解除，双方之间的权利义务关系终止。姜某山要求确认其对前芮营村"大坨"南段2.7亩土地享有承包经营权的诉讼请求无事实及法律依据，不予支持。

◆ **第十条 保护土地经营权流转中双方当事人的合法权益**

国家保护承包方依法、自愿、有偿流转土地经营权，保护土地经营权人的合法权益，任何组织和个人不得侵犯。

实用问答

承包方自愿委托发包方、中介组织或者他人流转其土地经营权的，应当由谁出具流转委托书？

答：根据《农村土地经营权流转管理办法》第8条的规定，承包方自愿委托发包方、中介组织或者他人流转其土地经营权的，应当由承包方出具流转委托书。委托书应当载明委托的事项、权限和期限等，并由委托人和受托人签字或者盖章。

 典型案例

宋某号诉凤阳县小溪河镇人民政府、凤阳金小岗农林科技产业发展有限公司农村土地承包合同纠纷案[①]

要旨： 法院审查认为，本案所涉集体所有土地的性质、用途是否改变应由相关主管部门进行认定。金小岗公司作为涉农性质的企业，其在土地流转期内为生产经营需要而修建道路的行为不能由人民法院直接认定是否改变了土地的用途；根据双方土地流转合同，小溪河镇人民政府在土地不再流转经营时会将该土地复垦成耕地退还给宋某号，故宋某号此节上诉主张，没有事实依据，本院不予支持。

> ◆ **第十一条　在农村土地承包经营中应当注意保护土地资源**
>
> 　　农村土地承包经营应当遵守法律、法规，保护土地资源的合理开发和可持续利用。未经依法批准不得将承包地用于非农建设。
>
> 　　国家鼓励增加对土地的投入，培肥地力，提高农业生产能力。

[①] 参见安徽省滁州市中级人民法院（2015）滁民二终字第00311号民事判决书。

实用问答

1. 农村土地承包合同管理中,哪些人应当依法履行保护农村土地的义务?

答:根据《农村土地承包合同管理办法》第4条的规定,农村土地承包合同管理应当遵守法律、法规,保护土地资源的合理开发和可持续利用,依法落实耕地利用优先序。发包方和承包方应当依法履行保护农村土地的义务。

2. 违法将黑土地用于非农建设的,如何处罚?

答:根据《黑土地保护法》第31条的规定,违法将黑土地用于非农建设的,依照土地管理等有关法律法规的规定从重处罚。

◆ **第十二条　农村土地承包经营主管部门**

国务院农业农村、林业和草原主管部门分别依照国务院规定的职责负责全国农村土地承包经营及承包经营合同管理的指导。

县级以上地方人民政府农业农村、林业和草原等主管部门分别依照各自职责,负责本行政区域内农村土地承包经营及承包经营合同管理。

乡(镇)人民政府负责本行政区域内农村土地承包经营及承包经营合同管理。

第二章 家庭承包

第一节 发包方和承包方的权利和义务

◆ **第十三条 确定发包方**

农民集体所有的土地依法属于村农民集体所有的,由村集体经济组织或者村民委员会发包;已经分别属于村内两个以上农村集体经济组织的农民集体所有的,由村内各该农村集体经济组织或者村民小组发包。村集体经济组织或者村民委员会发包的,不得改变村内各集体经济组织农民集体所有的土地的所有权。

国家所有依法由农民集体使用的农村土地,由使用该土地的农村集体经济组织、村民委员会或者村民小组发包。

名词解释

村,是指行政村,即设立村民委员会的村。

村民小组,是指行政村内由村民组成的组织,它是村民自治共同体内部的一种组织形式。

实用问答

承包期内发包人是否可以调整承包地?

答:根据《民法典》第 336 条的规定,承包期内发包人不得调整承包地。因自然灾害严重毁损承包地等特殊情形,需要适当调整承包的耕地和草地的，应当依照农村土地承包的法律规定办理。

> ◆ **第十四条　发包方权利**
>
> 发包方享有下列权利：
> （一）发包本集体所有的或者国家所有依法由本集体使用的农村土地；
> （二）监督承包方依照承包合同约定的用途合理利用和保护土地；
> （三）制止承包方损害承包地和农业资源的行为；
> （四）法律、行政法规规定的其他权利。

实用问答

受让方违反法律规定或者合同约定造成森林、林木、林地严重毁坏的，发包方应当怎么办？

答：根据《森林法》第 19 条的规定，受让方违反法律规定或者合同约定造成森林、林木、林地严重毁坏的，发包方或者承包方有权收回林地经营权。

典型案例

代某拥、大洼县王家农场土地承包经营权纠纷案[①]

要旨：本案诉争土地为国有土地，王家农场代表大洼区人民政府对所辖区域内的土地行使管理权，代某拥承包、耕种了王家农场

[①] 参见辽宁省盘锦市中级人民法院（2023）辽 11 民终 333 号民事判决书。

管理的土地,双方之间形成事实上的土地承包关系,故应当按照约定行使权利、履行义务,否则应承担相应的法律责任。因代某拥未缴纳相关费用,王家农场作为土地管理者有权要求其承担给付义务。代某拥辩称王家农场不具有发包土地、管理土地以及收费资格,无事实和法律依据,本院不予采信。王家农场作为土地管理者,依据盘锦市人民政府、大洼区人民政府会议纪要等文件制定各项收费标准,并依此向代某拥收取相关费用,并不违反法律、行政法规的强制性规定,且二审庭审中代某拥认可一审认定的其耕种的土地面积及收费标准,故一审法院判令其承担给付王家农场土地承包费用 4873.1 元,并无不当,本院予以维持。

◆ **第十五条　发包方义务**

发包方承担下列义务:

(一)维护承包方的土地承包经营权,不得非法变更、解除承包合同;

(二)尊重承包方的生产经营自主权,不得干涉承包方依法进行正常的生产经营活动;

(三)依照承包合同约定为承包方提供生产、技术、信息等服务;

(四)执行县、乡(镇)土地利用总体规划,组织本集体经济组织内的农业基础设施建设;

(五)法律、行政法规规定的其他义务。

📄 **实用问答**

草原承包合同应当包括哪些内容？

答：根据《草原法》第 14 条的规定，草原承包合同的内容应当包括承包方和发包方的权利和义务、承包草原四至界限、面积和等级、承包期和起止日期、承包草原用途和违约责任等。

◆ **第十六条　承包主体和家庭成员平等享有权益**

家庭承包的承包方是本集体经济组织的农户。

农户内家庭成员依法平等享有承包土地的各项权益。

✏️ **名词解释**

农户，是指农村中以血缘和婚姻关系为基础组成的农村最基层的社会单位。

📄 **实用问答**

自主就业的退役士兵回入伍时户口所在地落户，属于农村集体经济组织成员但没有承包农村土地的，应该如何解决？

答：根据《退役士兵安置条例》第 26 条的规定，自主就业的退役士兵回入伍时户口所在地落户，属于农村集体经济组织成员但没有承包农村土地的，可以申请承包农村土地，村民委员会或者村民小组应当优先解决。

典型案例

李某1诉李某2继承权纠纷案[①]

要旨：根据《农村土地承包法》第15条[②]的规定，农村土地家庭承包的，承包方是本集体经济组织的农户，其本质特征是以本集体经济组织内部的农户家庭为单位实行农村土地承包经营。家庭承包方式的农村土地承包经营权属于农户家庭，而不属于某一个家庭成员。根据《继承法》第3条的规定，遗产是公民死亡时遗留的个人合法财产。农村土地承包经营权不属于个人财产，故不发生继承问题。除林地外的家庭承包，当承包农地的农户家庭中的一人或几人死亡，承包经营仍然是以户为单位，承包地仍由该农户的其他家庭成员继续承包经营；当承包经营农户家庭的成员全部死亡，由于承包经营权的取得是以集体成员权为基础，该土地承包经营权归于消灭，不能由该农户家庭成员的继承人继续承包经营，更不能作为该农户家庭成员的遗产处理。

◆ 第十七条　承包方权利

承包方享有下列权利：

（一）依法享有承包地使用、收益的权利，有权自主组织生产经营和处置产品；

（二）依法互换、转让土地承包经营权；

[①] 参见江苏省南京市江宁区人民法院（2009）江宁民二初字第198号民事判决书。

[②] 对应2018年《农村土地承包法》第16条。

（三）依法流转土地经营权；
（四）承包地被依法征收、征用、占用的，有权依法获得相应的补偿；
（五）法律、行政法规规定的其他权利。

实用问答

集体所有和国家所有依法由农民集体使用的林地实行承包经营的，承包方享有什么权利？

答：根据《森林法》第17条的规定，集体所有和国家所有依法由农民集体使用的林地实行承包经营的，承包方享有林地承包经营权和承包林地上的林木所有权，合同另有约定的从其约定。

◆ **第十八条　承包方义务**

承包方承担下列义务：
（一）维持土地的农业用途，未经依法批准不得用于非农建设；
（二）依法保护和合理利用土地，不得给土地造成永久性损害；
（三）法律、行政法规规定的其他义务。

实用问答

1. 承包方违反《农村土地承包法》第18条规定，未经依法批准将承包地用于非农建设或者对承包地造成永久性损害，发包方请求承包方停止侵害、恢复原状或者赔偿损失的，应予支持吗？

答：根据《最高人民法院关于审理涉及农村土地承包纠纷案件

适用法律问题的解释》第 8 条的规定，承包方违反《农村土地承包法》第 18 条规定，未经依法批准将承包地用于非农建设或者对承包地造成永久性损害，发包方请求承包方停止侵害、恢复原状或者赔偿损失的，应予支持。

2. 承包经营草原的单位和个人，应当履行哪些义务？

答：根据《草原法》第 14 条的规定，承包经营草原的单位和个人，应当履行保护、建设和按照承包合同约定的用途合理利用草原的义务。

第二节 承包的原则和程序

◆ 第十九条 土地承包原则

土地承包应当遵循以下原则：

（一）按照规定统一组织承包时，本集体经济组织成员依法平等地行使承包土地的权利，也可以自愿放弃承包土地的权利；

（二）民主协商，公平合理；

（三）承包方案应当按照本法第十三条的规定，依法经本集体经济组织成员的村民会议三分之二以上成员或者三分之二以上村民代表的同意；

（四）承包程序合法。

实用问答

1. 村民会议由谁组成？村民会议由什么组织召集？

答：根据《村民委员会组织法》第 21 条的规定，村民会议由本村十八周岁以上的村民组成。村民会议由村民委员会召集。有 1/10 以上的村民或者 1/3 以上的村民代表提议，应当召集村民会议。召集村民会议，应当提前 10 天通知村民。

2. 农村土地承包的承包方案应当依法经本集体经济组织成员的村民会议多少成员或者多少村民代表的同意？

答：根据《农村土地承包合同管理办法》第 7 条的规定，承包方案应当依法经本集体经济组织成员的村民会议 2/3 以上成员或者 2/3 以上村民代表的同意。

◆ **第二十条 土地承包程序**

土地承包应当按照以下程序进行：
（一）本集体经济组织成员的村民会议选举产生承包工作小组；
（二）承包工作小组依照法律、法规的规定拟订并公布承包方案；
（三）依法召开本集体经济组织成员的村民会议，讨论通过承包方案；
（四）公开组织实施承包方案；
（五）签订承包合同。

实用问答

涉及村民利益的哪些事项，经村民会议讨论决定方可办理？

答：根据《村民委员会组织法》第 24 条的规定，涉及村民利益的下列事项，经村民会议讨论决定方可办理：（1）本村享受误工补贴的人员及补贴标准；（2）从村集体经济所得收益的使用；（3）本村公益事业的兴办和筹资筹劳方案及建设承包方案；（4）土地承包经营方案；（5）村集体经济项目的立项、承包方案；（6）宅基地的使用方案；（7）征地补偿费的使用、分配方案；（8）以借贷、租赁或者其他方式处分村集体财产；（9）村民会议认为应当由村民会议讨论决定的涉及村民利益的其他事项。村民会议可以授权村民代表会议讨论决定前款规定的事项。法律对讨论决定村集体经济组织财产和成员权益的事项另有规定的，依照其规定。

孙某军、王某璇土地承包经营权纠纷案[①]

要旨： 集体经济组织成员取得承包经营权，应当依法与发包方签订承包合同，由县级以上人民政府颁发土地承包经营权证书。起诉人孙某军、王某璇未与发包方青县盘古镇孙楼村民委员会签订承包合同，应视为起诉人未实际取得相应的土地承包经营权。按照法律规定，集体经济组织成员因未实际取得土地承包经营权提起民事诉讼的，人民法院应当告知其向有关行政主管部门申请解决。

---

① 河北省青县人民法院（2017）冀0922民初4148号一审民事裁定书。

第二章　家庭承包

第三节　承包期限和承包合同

◆ **第二十一条　土地承包期限**

耕地的承包期为<u>三十年</u>。草地的承包期为<u>三十年至五十年</u>。林地的承包期为<u>三十年至七十年</u>。

前款规定的耕地承包期届满后<u>再延长三十年</u>，草地、林地承包期届满后依照前款规定相应延长。

新民市高台子镇树林子村民委员会、刘某成返还原物纠纷案[1]

要旨：《农村土地承包法》第 21 条规定：耕地的承包期为 30 年。草地的承包期为 30 年至 50 年。林地的承包期为 30 年至 70 年。前款规定的耕地承包期届满后再延长 30 年，草地、林地承包期届满后依照前款规定相应延长。本案中，树林子村委会仅向一审法院提交了一份《树林村四荒地出卖协议书》，对于此协议书中约定地块承包到期后，村委会如何处置此地协议中未载明，也未提供相关证据。树林子村委会在一审庭审中表示诉讼中争议土地的性质为四荒地，而通过一审法院的调查此地现有的地上物为 2 年生以上的杨树。在树林子村委

---

[1]　参见辽宁省沈阳市中级人民法院（2023）辽 01 民终 3842 号民事判决书。

会与刘某成就树木的处理问题协商未成的条件下，暂不具备返还土地的条件。综上，树林子村委会提出的上诉主张，本院不予支持。

◆ **第二十二条　承包合同形式和合同主要条款**

发包方应当与承包方签订书面承包合同。

承包合同一般包括以下条款：

（一）发包方、承包方的名称，发包方负责人和承包方代表的姓名、住所；

（二）承包土地的名称、坐落、面积、质量等级；

（三）承包期限和起止日期；

（四）承包土地的用途；

（五）发包方和承包方的权利和义务；

（六）违约责任。

实用问答

承包合同一般包括哪些条款？承包合同示范文本由什么单位制定？

答：根据《农村土地承包合同管理办法》第11条的规定，承包合同一般包括以下条款：（1）发包方、承包方的名称，发包方负责人和承包方代表的姓名、住所；（2）承包土地的名称、坐落、面积、质量等级；（3）承包方家庭成员信息；（4）承包期限和起止日期；（5）承包土地的用途；（6）发包方和承包方的权利和义务；（7）违约责任。承包合同示范文本由农业农村部制定。

◆ **第二十三条　承包合同生效以及土地承包经营权取得**

承包合同自成立之日起生效。承包方自承包合同生效时取得土地承包经营权。

实用问答

当发包方就同一土地签订两个以上承包合同，承包方均主张取得土地经营权时，人民法院应当如何处理？

答：根据《最高人民法院关于审理涉及农村土地承包纠纷案件适用法律问题的解释》第19条的规定，发包方就同一土地签订2个以上承包合同，承包方均主张取得土地经营权的，按照下列情形，分别处理：（1）已经依法登记的承包方，取得土地经营权；（2）均未依法登记的，生效在先合同的承包方取得土地经营权；（3）依前两项规定无法确定的，已经根据承包合同合法占有使用承包地的人取得土地经营权，但争议发生后一方强行先占承包地的行为和事实，不得作为确定土地经营权的依据。

典型案例

沈某诉榆林堡经合社土地承包经营权确认纠纷案[1]

要旨：根据法律规定，国家实行农村土地承包经营制度，农村土地承包采取农村集体经济组织内部的家庭承包方式；承包方承包土地后，享有土地承包经营权，

---

[1] 参见北京市延庆区人民法院（2019）京0119民初12104号民事判决书。

可以自己经营，也可以保留土地承包权，流转其承包地的土地经营权，由他人经营；承包合同自成立之日起生效，承包方自承包合同生效时取得土地承包经营权；经发包方同意，承包方可以将全部或部分的土地承包经营权转让给本集体经济组织的其他农户，由该农户同发包方确立新的承包关系，原承包方与发包方在该土地上的承包关系即行终止。陈某家庭在1997年签订土地承包合同时，即在榆林堡村委会将北二珍土地划掉，写入沈某家庭土地承包合同，双方虽然未签订书面的土地转让合同，但土地承包合同是确定土地承包经营权的依据，且双方的转让行为在榆林堡村委会进行，榆林堡村委会保管的承包合同也进行了相应的更改，土地承包经营权证书亦作了相应的更改，该行为发生土地承包经营权转让的效力。沈某要求确认其家庭对位于榆林堡村北二珍5.52亩土地享有承包经营权的诉讼请求，符合法律规定。

◆ 第二十四条　土地承包经营权登记

国家对耕地、林地和草地等实行统一登记，登记机构应当向承包方颁发土地承包经营权证或者林权证等证书，并登记造册，确认土地承包经营权。

土地承包经营权证或者林权证等证书应当将具有土地承包经营权的全部家庭成员列入。

登记机构除按规定收取证书工本费外，不得收取其他费用。

实用问答

哪些农用地可以申请土地承包经营权登记？

答：根据《不动产登记暂行条例实施细则》第47条的规定，承包农民集体所有的耕地、林地、草地、水域、滩涂以及荒山、荒沟、荒丘、荒滩等农用地，或者国家所有依法由农民集体使用的农用地从事种植业、林业、畜牧业、渔业等农业生产的，可以申请土地承包经营权登记；地上有森林、林木的，应当在申请土地承包经营权登记时一并申请登记。

典型案例

舍某明、舍某发不当得利纠纷案[1]

要旨：《农村土地承包法》第 16 条规定："家庭承包的承包方是本集体经济组织的农户""农户内家庭成员依法平等享有承包土地的各项权益"、第 24 条第 1 款、第 2 款规定："国家对耕地、林地和草地等实行统一登记，登记机构应当向承包方颁发土地承包经营权证或者林权证等证书，并登记造册，确认土地承包经营权""土地承包经营权证或者林权证等证书应当将具有土地承包经营权的全部家庭成员列入"、第 39 条规定："土地经营权流转的价款，应当由当事人双方协商确定。流转的收益归承包方所有，任何组织和个人不得擅自截留、扣缴。"杨某凤作为舍某发农户的家庭成员进行家庭承包，在其去世后，舍某发农户所享有土地承包经营权并不产生继承的问题，相应的土地承包经营权流转收益亦由舍某发农户享有，相应的流转收益中也不存在遗产的问题。舍某明领取并占有舍某发农户家庭承包土地中的 5 亩土地流转价款无合法依据，原审人民法院判决其返还并无不当。舍某明的再审申请不符合《民事诉讼法》第 207 条规定的情形。

---

[1] 新疆维吾尔自治区高级人民法院（2023）新民申 850 号民事裁定书。

◆ **第二十五条 发包方不得随意变更或者解除承包合同**

承包合同生效后,发包方不得因承办人或者负责人的变动而变更或者解除,也不得因集体经济组织的分立或者合并而变更或者解除。

实用问答

1. 农村土地承包经营纠纷包括哪些?

答:根据《农村土地承包经营纠纷调解仲裁法》第2条的规定,农村土地承包经营纠纷包括:(1)因订立、履行、变更、解除和终止农村土地承包合同发生的纠纷;(2)因农村土地承包经营权转包、出租、互换、转让、入股等流转发生的纠纷;(3)因收回、调整承包地发生的纠纷;(4)因确认农村土地承包经营权发生的纠纷;(5)因侵害农村土地承包经营权发生的纠纷;(6)法律、法规规定的其他农村土地承包经营纠纷。

2. 承包期内,出现哪些情形,承包合同变更?

答:根据《农村土地承包合同管理办法》第13条的规定,承包期内,出现下列情形之一的,承包合同变更:(1)承包方依法分立或者合并的;(2)发包方依法调整承包地的;(3)承包方自愿交回部分承包地的;(4)土地承包经营权互换的;(5)土地承包经营权部分转让的;(6)承包地被部分征收的;(7)法律、法规和规章规定的其他情形。承包合同变更的,变更后的承包期限不得超过承包期的剩余期限。

3. 承包合同变更、终止的，承包方向发包方提出申请，应提交哪些材料？

答：根据《农村土地承包合同管理办法》第 15 条的规定，承包地被征收、发包方依法调整承包地或者承包方消亡的，发包方应当变更或者终止承包合同。除上述规定的情形外，承包合同变更、终止的，承包方向发包方提出申请，并提交以下材料：（1）变更、终止承包合同的书面申请；（2）原承包合同；（3）承包方分立或者合并的协议，交回承包地的书面通知或者协议，土地承包经营权互换合同、转让合同等其他相关证明材料；（4）具有土地承包经营权的全部家庭成员同意变更、终止承包合同的书面材料；（5）法律、法规和规章规定的其他材料。

◆ **第二十六条　国家机关及其工作人员不得干涉农村土地承包或者变更、解除承包合同**

国家机关及其工作人员不得利用职权干涉农村土地承包或者变更、解除承包合同。

实用问答

国家机关及其工作人员利用职权干涉承包合同的订立、变更、终止，给承包方造成损失的，应当承担什么责任？

答：根据《农村土地承包合同管理办法》第 30 条的规定，国家机关及其工作人员利用职权干涉承包合同的订立、变更、终止，给承包方造成损失的，应当依法承担损害赔偿等责任；情节严重的，由上级机关或者所在单位给予直接责任人员处分；构成犯罪的，依法追究刑事责任。

第四节　土地承包经营权的保护和互换、转让

◆ 第二十七条　承包地收回

承包期内，发包方不得收回承包地。

国家保护进城农户的土地承包经营权。不得以退出土地承包经营权作为农户进城落户的条件。

承包期内，承包农户进城落户的，引导支持其按照自愿有偿原则依法在本集体经济组织内转让土地承包经营权或者将承包地交回发包方，也可以鼓励其流转土地经营权。

承包期内，承包方交回承包地或者发包方依法收回承包地时，承包方对其在承包地上投入而提高土地生产能力的，有权获得相应的补偿。

实用问答

发包方收回承包地前，承包方已经以出租、入股或者其他形式将其土地经营权流转给第三人，且流转期限尚未届满，因流转价款收取产生的纠纷，人民法院应该如何处理？

答：根据《最高人民法院关于审理涉及农村土地承包纠纷案件适用法律问题的解释》第9条的规定，发包方根据《农村土地承包法》第27条规定收回承包地前，承包方已经以出租、入股或者其他形式将其土地经营权流转给第三人，且流转期限尚未届满，因流转价款收取产生的纠纷，按照下列情形，分别处理：（1）承包方已经一次性收取了流转价款，发包方请求承包方返还剩余流转期限的流转价款的，应予支持；（2）流转价款为分期支付，发包方请求第三

人按照流转合同的约定支付流转价款的，应予支持。

◆ **第二十八条　承包地调整**

承包期内，发包方不得调整承包地。

承包期内，因自然灾害严重毁损承包地等特殊情形对个别农户之间承包的耕地和草地需要适当调整的，必须经本集体经济组织成员的村民会议三分之二以上成员或者三分之二以上村民代表的同意，并报乡（镇）人民政府和县级人民政府农业农村、林业和草原等主管部门批准。承包合同中约定不得调整的，按照其约定。

实用问答

承包地调整方案应当经本集体经济组织成员的村民会议多少成员或者多少村民代表的同意？

答：根据《农村土地承包合同管理办法》第17条的规定，承包期内，因自然灾害严重毁损承包地等特殊情形对个别农户之间承包地需要适当调整的，发包方应当制定承包地调整方案。发包方制定的承包地调整方案，应当经本集体经济组织成员的村民会议2/3以上成员或者2/3以上村民代表的同意。承包合同中约定不得调整的，按照其约定。

◆ **第二十九条　应当用于调整承包土地或者承包给新增人口的土地**

下列土地应当用于调整承包土地或者承包给新增人口：

（一）集体经济组织依法预留的机动地；

（二）通过依法开垦等方式增加的；

（三）发包方依法收回和承包方依法、自愿交回的。

名词解释

机动地，是指发包方在发包土地时，预先留出的不作为承包地的少量土地。

典型案例

宋某文与宋某中、唐山市路北区韩城镇宋禾麻庄一村村民委员会土地承包经营权纠纷案[1]

要旨： 公民的合法的民事权益受法律保护。《农村土地承包法》规定承包期内，发包方不得收回、调整承包地，承包方可以自愿将承包地交回发包方。本案中，原告交回1.5亩承包地、原告之父交回1亩承包地虽未提前半年以书面形式通知被告唐山市路北区韩城镇宋禾麻庄一村村民委员会，但被告唐山市路北区韩城镇宋禾麻庄一村村民委员会在将该2.5亩土地重新发包给被告宋某中后予以公示、广播，原告方未提出异议，可视为自愿。原告之父承包的土地，系以家庭承包方式而取得的农村承包经营土地，该土地的承包经营权属于农户家庭，在其去世后，在承包期内其承包的土地转化为其他家庭成员继续承包经营。因原告之父单列成户，且农村土地承包经营权不属于个人财产，不发生继承问题，故原告无权对其父名下的1亩土地主张权利。民事诉讼遵循"谁主张，谁举证"的原则，原告主张2004年以前税费由其交纳，但不能提供相关证据，本院对此不予采信。原告1.5亩承包地无故"消失"10余年，如果原告不同意，被告唐山市

---

[1] 参见河北省唐山市路北区人民法院（2016）冀0203民初4373号民事判决书。

路北区韩城镇宋禾麻庄一村村民委员会不可能重新发包给被告宋某中；倘若原告不知情，也不可能自愿放弃享受粮食补贴，更不可能在承包地被占 10 余年之后才起诉维权。

◆ **第三十条　承包方自愿交回承包地**

承包期内，承包方可以自愿将承包地交回发包方。承包方自愿交回承包地的，可以获得合理补偿，但是应当提前半年以书面形式通知发包方。承包方在承包期内交回承包地的，在承包期内不得再要求承包土地。

◆ **第三十一条　保护妇女的土地承包经营权**

承包期内，妇女结婚，在新居住地未取得承包地的，发包方不得收回其原承包地；妇女离婚或者丧偶，仍在原居住地生活或者不在原居住地生活但在新居住地未取得承包地的，发包方不得收回其原承包地。

实用问答

在土地承包经营权方面，如何保障妇女与男子享有平等的权利？

答：根据《妇女权益保障法》第 55 条的规定，妇女在农村集体经济组织成员身份确认、土地承包经营、集体经济组织收益分配、土地征收补偿安置或者征用补偿以及宅基地使用等方面，享有与男子平等的权利。申请农村土地承包经营权、宅基地使用权等不动产登记，应当在不动产登记簿和权属证书上将享有权利的妇女等家庭成员全部列明。征收补偿安置或者征用补偿协议应当将享有相关权益的妇女列入，并记载权益内容。

◆ 第三十二条　土地承包经营权继承

承包人应得的承包收益，依照继承法的规定继承。

林地承包的承包人死亡，其继承人可以在承包期内继续承包。

实用问答

除林地家庭承包之外的其他方式承包中，承包方的继承人或者权利义务承受者请求在承包期内继续承包的，人民法院是否应予支持？

答：根据《最高人民法院关于审理涉及农村土地承包纠纷案件适用法律问题的解释》第 23 条的规定，其他方式承包中，承包方的继承人或者权利义务承受者请求在承包期内继续承包的，应予支持。

◆ 第三十三条　土地承包经营权互换

承包方之间为方便耕种或者各自需要，可以对属于同一集体经济组织的土地的土地承包经营权进行互换，并向发包方备案。

实用问答

土地承包经营权互换的，承包方提交备案的互换合同应当符合哪些要求？

答：根据《农村土地承包合同管理办法》第 19 条的规定，为了方便耕种或者各自需要，承包方之间可以互换属于同一集体经济组织的不同承包地块的土地承包经营权。土地承包经营权互换的，应当签订书面合同，并向发包方备案。承包方提交备案的互换合同，应当符合下列要求：（1）互换双方是属于同一集体经济组织的农户；（2）互换后的承包期限不超过承包期的剩余期限；（3）法律、法规和规章规定的其他事项。互换合同备案后，互换双方应当与发包方变更承包合同。

◆ 第三十四条　土地承包经营权转让

> 经发包方同意，承包方可以将全部或者部分的土地承包经营权转让给本集体经济组织的其他农户，由该农户同发包方确立新的承包关系，原承包方与发包方在该土地上的承包关系即行终止。

名词解释

土地承包经营权转让， 是指土地承包经营权人将其拥有的未到期的土地承包经营权以一定的方式和条件移转给他人的行为。

实用问答

1. 土地承包经营权转让后，受让方与发包方是否需要签订合同？

答：根据《农村土地承包合同管理办法》第20条的规定，土地承包经营权转让后，受让方应当与发包方签订承包合同。

2. 土地承包经营权转让后，原承包方是否可以再要求承包土地？

答：根据《农村土地承包合同管理办法》第20条的规定，土地承包经营权转让后，受让方应当与发包方签订承包合同。原承包方与发包方在该土地上的承包关系终止，承包期内其土地承包经营权部分或者全部消灭，并不得再要求承包土地。

◆ **第三十五条　互换、转让土地承包经营权的登记**

土地承包经营权互换、转让的，当事人可以向登记机构申请登记。未经登记，不得对抗善意第三人。

实用问答

1. 林地承包期内，因林地承包经营权互换、转让、继承等原因，承包方发生变动，林地经营权人请求新的承包方继续履行原林地经营权流转合同的，人民法院是否应予支持？

答：根据《最高人民法院关于审理森林资源民事纠纷案件适用法律若干问题的解释》第10条的规定，林地承包期内，因林地承包经营权互换、转让、继承等原因，承包方发生变动，林地经营权人请求新的承包方继续履行原林地经营权流转合同的，人民法院应予支持。但当事人另有约定的除外。

2. 已经登记的土地承包经营权发生哪些情形时，当事人双方应当申请土地承包经营权的转移登记？

答：根据《不动产登记暂行条例实施细则》第50条的规定，已经登记的土地承包经营权发生下列情形之一的，当事人双方应当持互换协议、转让合同等材料，申请土地承包经营权的转移登记：（1）互换；（2）转让；（3）因家庭关系、婚姻关系变化等原因导致土地承包经营权分割或者合并的；（4）依法导致土地承包经营权转移的其他情形。以家庭承包方式取得的土地承包经营权，采取转让方式流转的，还应当提供发包方同意的材料。

第五节　土地经营权

◆ **第三十六条　土地经营权设立**

承包方可以自主决定依法采取出租（转包）、入股或者其他方式向他人流转土地经营权，并向发包方备案。

名词解释

出租（转包），是指承包方将部分或者全部土地经营权，租赁给他人从事农业生产经营。

入股，是指承包方将部分或者全部土地经营权作价出资，成为公司、合作经济组织等股东或者成员，并用于农业生产经营。

实用问答

承包方依法采取出租、入股或者其他方式流转土地经营权，发包方仅以该土地经营权流转合同未报其备案为由，请求确认合同无效的，人民法院是否予以支持？

答：根据《最高人民法院关于审理涉及农村土地承包纠纷案件适用法律问题的解释》第14条的规定，承包方依法采取出租、入股或者其他方式流转土地经营权，发包方仅以该土地经营权流转合同未报其备案为由，请求确认合同无效的，不予支持。

◆ **第三十七条　土地经营权人的权利**

土地经营权人有权在合同约定的期限内占有农村土地，自主开展农业生产经营并取得收益。

名词解释

占有，是指对承包地的支配并排除他人非法干涉。

◆ 第三十八条　土地经营权流转原则

土地经营权流转应当遵循以下原则：

（一）依法、自愿、有偿，任何组织和个人不得强迫或者阻碍土地经营权流转；

（二）不得改变土地所有权的性质和土地的农业用途，不得破坏农业综合生产能力和农业生态环境；

（三）流转期限不得超过承包期的剩余期限；

（四）受让方须有农业经营能力或者资质；

（五）在同等条件下，本集体经济组织成员享有优先权。

◆ 第三十九条　土地经营权流转价款

土地经营权流转的价款，应当由当事人双方协商确定。流转的收益归承包方所有，任何组织和个人不得擅自截留、扣缴。

实用问答

1. 发包方或者其他组织、个人擅自截留、扣缴承包收益或者土地经营权流转收益，承包方请求返还的，人民法院是否应予支持？

答：根据《最高人民法院关于审理涉及农村土地承包纠纷案件适用法律问题的解释》第17条的规定，发包方或者其他组织、个人擅自截留、扣缴承包收益或者土地经营权流转收益，承包方请求返还的，应予支持。

2. 发包方或者其他组织、个人擅自截留、扣缴承包收益或者土地经营权流转收益，发包方或者其他组织、个人主张抵销的，人民法院是否应予支持？

答：根据《最高人民法院关于审理涉及农村土地承包纠纷案件适用法律问题的解释》第 17 条的规定，发包方或者其他组织、个人主张抵销的，不予支持。

◆ **第四十条　土地经营权流转合同**

土地经营权流转，当事人双方应当签订书面流转合同。

土地经营权流转合同一般包括以下条款：

（一）双方当事人的姓名、住所；

（二）流转土地的名称、坐落、面积、质量等级；

（三）流转期限和起止日期；

（四）流转土地的用途；

（五）双方当事人的权利和义务；

（六）流转价款及支付方式；

（七）土地被依法征收、征用、占用时有关补偿费的归属；

（八）违约责任。

承包方将土地交由他人代耕不超过一年的，可以不签订书面合同。

名词解释

土地的质量等级，是指自然资源主管部门依法评定的土地等级，是反映土地生产能力的重要指标之一。

农用地，是指直接用于农业生产的土地，包括耕地、林地、草地、农田水利用地、养殖水面等。

建设用地，是指建造建筑物、构筑物的土地，包括城乡住宅和公共设施用地、工矿用地、交通水利设施用地、旅游用地、军事设施用地等。

未利用地，是指农用地和建设用地以外的土地。

违约责任，是指当事人一方或者双方不履行合同或者不适当履行合同，依照法律的规定或者按照当事人的约定应当承担的法律责任。

实用问答

1. 土地经营权流转合同一般包括哪些内容？

答：根据《农村土地经营权流转管理办法》第19条的规定，土地经营权流转合同一般包括以下内容：（1）双方当事人的姓名或者名称、住所、联系方式等；（2）流转土地的名称、四至、面积、质量等级、土地类型、地块代码等；（3）流转的期限和起止日期；（4）流转方式；（5）流转土地的用途；（6）双方当事人的权利和义务；（7）流转价款或者股份分红，以及支付方式和支付时间；（8）合同到期后地上附着物及相关设施的处理；（9）土地被依法征收、征用、占用时有关补偿费的归属；（10）违约责任。土地经营权流转合同示范文本由农业农村部制定。

2. 林地经营权流转合同一般包括哪些内容？

答：根据《森林法》第19条的规定，林地经营权流转合同一般包括流转双方的权利义务、流转期限、流转价款及支付方式、流转期限届满林地上的林木和固定生产设施的处置、违约责任等内容。

◆ **第四十一条　土地经营权登记**

土地经营权流转期限为五年以上的，当事人可以向登记机构申请土地经营权登记。未经登记，不得对抗善意第三人。

◆ **第四十二条　土地经营权流转合同单方解除权**

承包方不得单方解除土地经营权流转合同，但受让方有下列情形之一的除外：

（一）擅自改变土地的农业用途；
（二）弃耕抛荒连续两年以上；
（三）给土地造成严重损害或者严重破坏土地生态环境；
（四）其他严重违约行为。

实用问答

当事人一方依法主张解除合同的，应当通知对方吗？

答：根据《民法典》第565条的规定，当事人一方依法主张解除合同的，应当通知对方。合同自通知到达对方时解除；通知载明债务人在一定期限内不履行债务则合同自动解除，债务人在该期限内未履行债务的，合同自通知载明的期限届满时解除。对方对解除合同有异议的，任何一方当事人均可以请求人民法院或者仲裁机构确认解除行为的效力。当事人一方未通知对方，直接以提起诉讼或者申请仲裁的方式依法主张解除合同，人民法院或者仲裁机构确认该主张的，合同自起诉状副本或者仲裁申请书副本送达对方时解除。

◆ 第四十三条　土地经营权受让方可以依法投资并获得补偿

经承包方同意，受让方可以依法投资改良土壤，建设农业生产附属、配套设施，并按照合同约定对其投资部分获得合理补偿。

实用问答

经承包方同意，受让方依法投资改良土壤，建设农业生产附属、配套设施，及农业生产中直接用于作物种植和畜禽水产养殖设施的，土地经营权流转合同到期或者未到期由承包方依法提前收回承包土地时，受让方是否有权获得合理补偿？

答：根据《农村土地经营权流转管理办法》第13条的规定，经承包方同意，受让方依法投资改良土壤，建设农业生产附属、配套设施，及农业生产中直接用于作物种植和畜禽水产养殖设施的，土地经营权流转合同到期或者未到期由承包方依法提前收回承包土地时，受让方有权获得合理补偿。具体补偿办法可在土地经营权流转合同中约定或者由双方协商确定。

◆ 第四十四条　承包方流转土地经营权后与发包方承包关系不变

承包方流转土地经营权的，其与发包方的承包关系不变。

实用问答

承包方依法采取出租（转包）、入股或者其他方式将土地经营权部分或者全部流转的，承包方与发包方的承包关系、双方享有的权利和承担的义务是否会变化？

答：根据《农村土地经营权流转管理办法》第15条的规定，承包方依法采取出租（转包）、入股或者其他方式将土地经营权部分或者全部流转的，承包方与发包方的承包关系不变，双方享有的权利和承担的义务不变。

◆ **第四十五条　社会资本取得土地经营权的资格审查等制度和集体经济组织收取管理费用**

县级以上地方人民政府应当建立工商企业等社会资本通过流转取得土地经营权的资格审查、项目审核和风险防范制度。

工商企业等社会资本通过流转取得土地经营权的，本集体经济组织可以收取适量管理费用。

具体办法由国务院农业农村、林业和草原主管部门规定。

名词解释

资格审查，是指对流转取得土地经营权的工商企业等社会资本是否具备农业经营能力或者相应资质进行审查，确保其在流转取得土地经营权后能够作为适格主体进行开发经营，实现土地利用效益的最大化。

项目审核，是指对工商企业流转土地经营权后的具体开发项目要予以把关审核，特别是要确保项目开发不得改变土地的农业用途，不得破坏农业综合生产能力和农业生态环境。

风险防范，是指在整个工商企业等社会资本通过流转取得土地经营权并用于实际开发的过程中，政府有关部门应当始终强调事前事中事后监管，切实防范因经营主体违约或者经营不善等损害农民权益的事项发生。

实用问答

对于社会资本流转土地经营权，审查审核的一般程序有哪些？

答：根据《农村土地经营权流转管理办法》第29条的规定，县级以上地方人民政府对工商企业等社会资本流转土地经营权，依法建立分级资格审查和项目审核制度。审查审核的一般程序如下：（1）受让主体与承包方就流转面积、期限、价款等进行协商并签订流转意向协议书。涉及未承包到户集体土地等集体资源的，应当按照法定程序经本集体经济组织成员的村民会议2/3以上成员或者2/3以上村民代表的同意，并与集体经济组织签订流转意向协议书。（2）受让主体按照分级审查审核规定，分别向乡（镇）人民政府农村土地承包管理部门或者县级以上地方人民政府农业农村主管（农村经营管理）部门提出申请，并提交流转意向协议书、农业经营能力或者资质证明、流转项目规划等相关材料。（3）县级以上地方人民政府或者乡（镇）人民政府应当依法组织相关职能部门、农村集体经济组织代表、农民代表、专家等就土地用途、受让主体农业经营能力，以及经营项目是否符合粮食生产等产业规划等进行审查审核，并于受理之日起20个工作日内作出审查审核意见。（4）审查审核通过的，受让主体与承包方签订土地经营权流转合同。未按规定提交审查审核申请或者审查审核未通过的，不得开展土地经营权流转活动。

◆ **第四十六条　土地经营权受让方再流转土地经营权**

经承包方书面同意，并向本集体经济组织备案，受让方可以再流转土地经营权。

实用问答

承包方流转土地经营权，需要与受让方签订合同吗？

答：根据《农村土地经营权流转管理办法》第17条的规定，承包方流转土地经营权，应当与受让方在协商一致的基础上签订书面流转合同，并向发包方备案。

◆ **第四十七条 土地经营权融资担保**

承包方可以用承包地的土地经营权向金融机构融资担保，并向发包方备案。受让方通过流转取得的土地经营权，经承包方书面同意并向发包方备案，可以向金融机构融资担保。

担保物权自融资担保合同生效时设立。当事人可以向登记机构申请登记；未经登记，不得对抗善意第三人。

实现担保物权时，担保物权人有权就土地经营权优先受偿。

土地经营权融资担保办法由国务院有关部门规定。

实用问答

1. 受让方将流转取得的土地经营权再流转以及向金融机构融资担保的，应当事先取得谁的书面同意，并向谁备案？

答：根据《农村土地经营权流转管理办法》第12条的规定，受让方将流转取得的土地经营权再流转以及向金融机构融资担保的，应当事先取得承包方书面同意，并向发包方备案。

2. 发包方对承包方流转土地经营权、受让方再流转土地经营权以及承包方、受让方利用土地经营权融资担保的，应当办理备案，并向什么单位报告？

答：根据《农村土地经营权流转管理办法》第21条的规定，发包方对承包方流转土地经营权、受让方再流转土地经营权以及承包方、受让方利用土地经营权融资担保的,应当办理备案,并报告乡(镇)人民政府农村土地承包管理部门。

第三章 其他方式的承包

◆ **第四十八条 家庭承包之外的其他承包方式**

不宜采取家庭承包方式的荒山、荒沟、荒丘、荒滩等农村土地，通过招标、拍卖、公开协商等方式承包的，适用本章规定。

名词解释

拍卖，是指以公开竞价的形式，将特定物的财产权利转让给最高应价者的买卖方式。

◆ **第四十九条 以其他方式承包农村土地应当签订土地承包合同、承包方取得土地经营权**

以其他方式承包农村土地的，应当签订承包合同，承包方取得土地经营权。当事人的权利和义务、承包期限等，由双方协商确定。以招标、拍卖方式承包的，承包费通过公开竞标、竞价确定；以公开协商等方式承包的，承包费由双方议定。

实用问答

以招标、拍卖、公开协商等方式承包农村土地的，承包方如何申请登记？

答：根据《不动产登记暂行条例实施细则》第48条的规定，以招标、拍卖、公开协商等方式承包农村土地的，由承包方持土地承包经营合同申请土地承包经营权首次登记。

> ◆ **第五十条　"四荒"地等土地承包经营方式**
>
> 荒山、荒沟、荒丘、荒滩等可以直接通过招标、拍卖、公开协商等方式实行承包经营，也可以将土地经营权折股分给本集体经济组织成员后，再实行承包经营或者股份合作经营。
>
> 承包荒山、荒沟、荒丘、荒滩的，应当遵守有关法律、行政法规的规定，防止水土流失，保护生态环境。

实用问答

1. 通过招标、拍卖和公开协商等方式承包荒山、荒沟、荒丘、荒滩等农村土地，其流转土地经营权的前提条件是什么？

答：根据《农村土地经营权流转管理办法》第35条的规定，通过招标、拍卖和公开协商等方式承包荒山、荒沟、荒丘、荒滩等农村土地，经依法登记取得权属证书的，可以流转土地经营权，其流转管理参照《农村土地经营权流转管理办法》执行。

2. 荒山、荒沟、荒丘、荒滩的水土流失，由什么单位负责治理？

答：根据《水土保持法实施条例》第18条的规定，荒山、荒沟、荒丘、荒滩的水土流失，可以由农民个人、联户或者专业队承包治理，也可以由企业事业单位或者个人投资投劳入股治理。

> ◆ **第五十一条　以其他方式承包农村土地，本集体经济组织内部成员在同等条件下有权优先承包**
>
> 以其他方式承包农村土地，在同等条件下，本集体经济组织成员有权优先承包。

📝 名词解释

同等条件，是指本集体经济组织内部成员和外部竞包者同时参与承包权的竞争，两者的农业技术力量、资金状况、信誉状况、承包费用等条件相当的情况。

📄 实用问答

本集体经济组织成员以其在同等条件下享有的优先权受到侵害为由，主张家庭承包林地经营权流转合同无效的，人民法院是否予以支持？

答：根据《最高人民法院关于审理森林资源民事纠纷案件适用法律若干问题的解释》第9条的规定，本集体经济组织成员以其在同等条件下享有的优先权受到侵害为由，主张家庭承包林地经营权流转合同无效的，人民法院不予支持；其请求赔偿损失的，依法予以支持。

◆ **第五十二条 以其他方式将农村土地承包给本集体经济组织以外的单位和个人应遵循的发包程序**

发包方将农村土地发包给本集体经济组织以外的单位或者个人承包，应当事先经本集体经济组织成员的村民会议三分之二以上成员或者三分之二以上村民代表的同意，并报乡（镇）人民政府批准。

由本集体经济组织以外的单位或者个人承包的，应当对承包方的资信情况和经营能力进行审查后，再签订承包合同。

> 实用问答

1. 在草原承包经营期内，个别确需对承包经营者使用的草原进行适当调整的，必须经本集体经济组织成员的村（牧）民会议多少成员或者村（牧）民代表的同意，并报乡（镇）人民政府和县级人民政府草原行政主管部门批准？

答：根据《草原法》第13条的规定，在草原承包经营期内，不得对承包经营者使用的草原进行调整；个别确需适当调整的，必须经本集体经济组织成员的村（牧）民会议2/3以上成员或者2/3以上村（牧）民代表的同意，并报乡（镇）人民政府和县级人民政府草原行政主管部门批准。

2. 经本集体经济组织成员的村民会议多少成员或者村民代表同意并公示，可以通过招标、拍卖、公开协商等方式依法流转林地经营权、林木所有权和使用权？

答：根据《森林法》第18条的规定，未实行承包经营的集体林地以及林地上的林木，由农村集体经济组织统一经营。经本集体经济组织成员的村民会议2/3以上成员或者2/3以上村民代表同意并公示，可以通过招标、拍卖、公开协商等方式依法流转林地经营权、林木所有权和使用权。

◆ **第五十三条 以其他方式承包取得的土地经营权流转**

通过招标、拍卖、公开协商等方式承包农村土地，经依法登记取得权属证书的，可以依法采取出租、入股、抵押或者其他方式流转土地经营权。

实用问答

承包方可以依法采取什么方式流转林地经营权、林木所有权和使用权？

答：根据《森林法》第17条的规定，承包方可以依法采取出租（转包）、入股、转让等方式流转林地经营权、林木所有权和使用权。

◆ **第五十四条　以其他方式承包取得的土地经营权继承**

依照本章规定通过招标、拍卖、公开协商等方式取得土地经营权的，该承包人死亡，其应得的承包收益，依照继承法的规定继承；在承包期内，其继承人可以继续承包。

实用问答

通过招标、拍卖、公开协商等非家庭承包方式承包的农村土地，在承包期内，谁可以继续承包？

答：根据《退役士兵安置条例》第26条的规定，通过招标、拍卖、公开协商等非家庭承包方式承包的农村土地，承包期内其家庭成员可以继续承包。

第四章 争议的解决和法律责任

◆ **第五十五条 争议解决途径**

因土地承包经营发生纠纷的，双方当事人可以通过协商解决，也可以请求村民委员会、乡（镇）人民政府等调解解决。

当事人不愿协商、调解或者协商、调解不成的，可以向农村土地承包仲裁机构申请仲裁，也可以直接向人民法院起诉。

名词解释

调解，是指在村民委员会、乡（镇）人民政府等第三方的主持下，在双方当事人自愿的基础上，通过宣传法律、法规、规章和政策，劝导当事人化解矛盾，自愿就争议事项达成协议，使农村土地承包经营纠纷及时得到解决的一种活动。

实用问答

1. 哪些农村土地承包经营纠纷，当事人可以向农村土地承包经营纠纷仲裁委员会申请仲裁？

答：根据《农村土地承包经营纠纷仲裁规则》第3条的规定，下列农村土地承包经营纠纷，当事人可以向农村土地承包经营纠纷仲裁委员会申请仲裁：（1）因订立、履行、变更、解除和终止农村土地承包合同发生的纠纷；（2）因农村土地承包经营权转包、出租、互换、转让、入股等流转发生的纠纷；（3）因收回、调整承包地发生的纠纷；（4）因确认农村土地承包经营权发生的纠纷；（5）因侵害农村土地承包经营权发生的纠纷；（6）法律、法规规定的其他农村土地承包经营纠纷。因征收集体所有的土地及其补偿发生的纠纷，不属于农村土地承包经营纠纷仲裁委员会的受理范围，可以通过行政复议或者诉讼等方式解决。

2. 家庭承包的，可以由农户代表人参加仲裁。如何确定农户代表人？

答：根据《农村土地承包经营纠纷仲裁规则》第 7 条的规定，家庭承包的，可以由农户代表人参加仲裁。农户代表人由农户成员共同推选；不能共同推选的，按下列方式确定：（1）土地承包经营权证或者林权证等证书上记载的人；（2）未取得土地承包经营权证或者林权证等证书的，为在承包合同上签字的人。

◆ **第五十六条　侵害土地承包经营权、土地经营权应承担民事责任**

任何组织和个人侵害土地承包经营权、土地经营权的，应当承担民事责任。

◆ **第五十七条　发包方民事责任**

发包方有下列行为之一的，应当承担停止侵害、排除妨碍、消除危险、返还财产、恢复原状、赔偿损失等民事责任：

（一）干涉承包方依法享有的生产经营自主权；

（二）违反本法规定收回、调整承包地；

（三）强迫或者阻碍承包方进行土地承包经营权的互换、转让或者<u>土地经营权流转</u>；

（四）<u>假借少数服从多数强迫承包方放弃或者变更土地承包经营权</u>；

（五）以划分"<u>口粮田</u>"和"<u>责任田</u>"等为由收回承包地搞<u>招标承包</u>；

（六）将承包地收回抵顶欠款；

（七）<u>剥夺</u>、侵害妇女依法享有的土地承包经营权；

（八）其他侵害土地承包经营权的行为。

名词解释

停止侵害，是指发包方正在实施侵害承包方享有的土地承包经营权时，承包方为了维护自己的合法权益，防止损害后果的扩大，有权制止正在实施的不法行为，要求其停止侵害。

排除妨碍，是指将妨害他人权利的障碍予以排除。

消除危险，是指因行为人实施的行为或者设置的物件等，有造成他人损害或再次造成他人损害的危险时，受害人有权请求行为人将危险消除。

返还财产，是指一方当事人将非法占有的他人财产返还给对方当事人。

恢复原状，是指将损坏的东西重新修复；引申下去，可以指恢复权利至未被侵害时的状态。

赔偿损失，是指违法行为人对违法行为造成的损害所承担的补偿对方损失的民事法律责任方式。

实用问答

承担民事责任的方式主要有哪些？

答：根据《民法典》第 179 条的规定，承担民事责任的方式主要有：（1）停止侵害；（2）排除妨碍；（3）消除危险；（4）返还财产；（5）恢复原状；（6）修理、重作、更换；（7）继续履行；（8）赔偿损失；（9）支付违约金；（10）消除影响、恢复名誉；（11）赔礼道歉。法律规定惩罚性赔偿的，依照其规定。本条规定的承担民事责任的方式，可以单独适用，也可以合并适用。

第五十八条　承包合同有关内容无效

承包合同中违背承包方意愿或者违反法律、行政法规有关不得收回、调整承包地等强制性规定的约定无效。

第五十九条　违约责任

当事人一方不履行合同义务或者履行义务不符合约定的，应当依法承担违约责任。

名词解释

违约责任，是指合同当事人违反合同约定所应承担的民事责任。

第六十条　强迫承包方进行土地承包经营权互换、转让或者土地经营权流转无效

任何组织和个人强迫进行土地承包经营权互换、转让或者土地经营权流转的，该互换、转让或者流转无效。

实用问答

当事人以未办理批准、登记、备案、审查、审核等手续为由，主张林地承包、林地承包经营权互换或者转让、林地经营权流转、林木流转、森林资源担保等合同无效的，人民法院是否予以支持？

答：根据《最高人民法院关于审理森林资源民事纠纷案件适用法律若干问题的解释》第3条的规定，当事人以未办理批准、登记、备案、审查、审核等手续为由，主张林地承包、林地承包经营权互换或者转让、林地经营权流转、林木流转、森林资源担保等合同无效的，人民法院不予支持。因前述原因，不能取得相关权利的当事人请求解除合同、由违约方承担违约责任的，人民法院依法予以支持。

◆ **第六十一条　擅自截留、扣缴收益应予退还**

任何组织和个人擅自截留、扣缴土地承包经营权互换、转让或者土地经营权流转收益的，应当退还。

实用问答

土地经营权流转收益归谁所有？是否可以擅自截留、扣缴？

答：根据《农村土地经营权流转管理办法》第7条的规定，土地经营权流转收益归承包方所有，任何组织和个人不得擅自截留、扣缴。

◆ **第六十二条　非法征收、征用、占用土地或者贪污、挪用土地征收、征用补偿费用应承担的法律责任**

违反土地管理法规，非法征收、征用、占用土地或者贪污、挪用土地征收、征用补偿费用，构成犯罪的，依法追究刑事责任；造成他人损害的，应当承担损害赔偿等责任。

名词解释

占用土地，是指兴办乡镇企业和村民建设住宅经依法批准使用本集体经济组织农民集体所有的土地或者乡（镇）村公共设施和公益事业建设经依法批准使用农民集体所有土地的行为。

损害赔偿，是指因当事人一方的侵权行为对他方造成损害时应当承担的赔偿对方损失的责任。

实用问答

1. 侵占、挪用被征收土地单位的征地补偿费用和其他有关费用的，应当如何依法处理？

答：根据《土地管理法》第 80 条的规定，侵占、挪用被征收土地单位的征地补偿费用和其他有关费用，构成犯罪的，依法追究刑事责任；尚不构成犯罪的，依法给予处分。

2. 违反土地管理法规，非法占用耕地、林地等农用地，改变被占用土地用途，数量较大，造成耕地、林地等农用地大量毁坏的，处什么刑罚？

答：根据《刑法》第 342 条的规定，违反土地管理法规，非法占用耕地、林地等农用地，改变被占用土地用途，数量较大，造成耕地、林地等农用地大量毁坏的，处 5 年以下有期徒刑或者拘役，并处或者单处罚金。

3. 国家机关工作人员徇私舞弊，违反土地管理法规，滥用职权，非法批准征收、征用、占用土地，或者非法低价出让国有土地使用权，情节严重的，处什么刑罚？

答：根据《刑法》第410条的规定，国家机关工作人员徇私舞弊，违反土地管理法规，滥用职权，非法批准征收、征用、占用土地，或者非法低价出让国有土地使用权，情节严重的，处3年以下有期徒刑或者拘役；致使国家或者集体利益遭受特别重大损失的，处3年以上7年以下有期徒刑。

◆ **第六十三条　承包方、土地经营权人违法将承包地用于非农建设的行政责任，以及承包方给承包地造成永久性损害所应承担的民事责任**

承包方、土地经营权人违法将承包地用于非农建设的，由县级以上地方人民政府有关主管部门依法予以处罚。

承包方给承包地造成永久性损害的，发包方有权制止，并有权要求赔偿由此造成的损失。

实用问答

建设占用土地，涉及农用地转为建设用地的，应当办理什么手续？

答：根据《土地管理法》第44条的规定，建设占用土地，涉及农用地转为建设用地的，应当办理农用地转用审批手续。

◆ 第六十四条　土地经营权人有关违法行为民事责任

土地经营权人擅自改变土地的农业用途、弃耕抛荒连续两年以上、给土地造成严重损害或者严重破坏土地生态环境，承包方在合理期限内不解除土地经营权流转合同的，发包方有权要求终止土地经营权流转合同。土地经营权人对土地和土地生态环境造成的损害应当予以赔偿。

实用问答

受让方有哪些情形时，承包方可以单方解除土地经营权流转合同？

答：根据《农村土地经营权流转管理办法》第20条的规定，承包方不得单方解除土地经营权流转合同，但受让方有下列情形之一的除外：（1）擅自改变土地的农业用途；（2）弃耕抛荒连续2年以上；（3）给土地造成严重损害或者严重破坏土地生态环境；（4）其他严重违约行为。有以上情形，承包方在合理期限内不解除土地经营权流转合同的，发包方有权要求终止土地经营权流转合同。受让方对土地和土地生态环境造成的损害应当依法予以赔偿。

◆ 第六十五条　国家机关及其工作人员法律责任

国家机关及其工作人员有利用职权干涉农村土地承包经营，变更、解除承包经营合同，干涉承包经营当事人依法享有的生产经营自主权，强迫、阻碍承包经营当事人进行土地承包经营权互换、转让或者土地经营权流转等侵害土地承包经营权、土地经营权的行为，给承包经营当事人造成损失的，应当承担损害赔偿等责任;情节严重的,由上级机关或者所在单位给予直接责任人员处分;构成犯罪的,依法追究刑事责任。

实用问答

国家工作人员利用职务便利或者以其他名义侵害农民和农业生产经营组织的合法权益的,应当承担什么责任?

答:根据《农业法》第90条的规定,国家工作人员利用职务便利或者以其他名义侵害农民和农业生产经营组织的合法权益的,应当赔偿损失,并由其所在单位或者上级主管机关给予行政处分。

第五章 附 则

◆ **第六十六条 对本法实施前已按国家有关规定形成的农村土地承包关系予以法律确认**

本法实施前已经按照国家有关农村土地承包的规定承包，包括承包期限长于本法规定的，本法实施后继续有效，不得重新承包土地。未向承包方颁发土地承包经营权证或者林权证等证书的，应当补发证书。

实用问答

1. 根据《民法典》的规定，登记机构应当向土地承包经营权人发放哪些证书？

答：根据《民法典》第333条的规定，登记机构应当向土地承包经营权人发放土地承包经营权证、林权证等证书，并登记造册，确认土地承包经营权。

2. 承包合同约定或者土地承包经营权证等证书记载的承包期限短于《农村土地承包法》规定的期限，承包方是否可以请求延长？

答：根据《最高人民法院关于审理涉及农村土地承包纠纷案件适用法律问题的解释》第7条的规定，承包合同约定或者土地承包经营权证等证书记载的承包期限短于《农村土地承包法》规定的期限，承包方请求延长的，应予支持。

◆ 第六十七条　机动地预留限制

本法实施前已经预留机动地的，机动地面积不得超过本集体经济组织耕地总面积的<u>百分之五</u>。<u>不足百分之五的，不得再增加机动地</u>。

本法实施前未留机动地的，<u>本法实施后不得再留机动地</u>。

典型案例

王某胜、密山市富源乡宝泉村村民委员会土地承包经营权纠纷案[1]

要旨：关于一审认定案涉土地系开荒地及上诉人与被上诉人形成事实承包关系是否正确问题，上诉人王某胜上诉称本案争议的土地既不是开荒地，也不是机动地，而是已经实际按照村民分得的承包地进行了管理，一审法院对本案争议土地的性质认定出现了严重的错误，本案涉案的土地应该认定为上诉人承包的土地，一审庭审中上诉人自认案涉土地系其1986年开荒一直耕种至现在，二审期间上诉人陈述1983年第一轮土地承包其家5口人，每人12亩土地，五人共60亩土地，案涉土地系其1987年前开荒的，是其在承包地外另行开荒的，故一审认定涉案土地为宝泉村委会所有，性质为开荒地，一直由王某胜进行经营管理，王某胜与宝泉村委会之间已经形成了事实上的土地承包经营权合同关系并无不当。关于一审判决适用法律是否正确问题，本案

---

[1] 参见黑龙江省鸡西市中级人民法院（2023）黑03民终82号民事判决书。

系在履行土地承包经营权合同过程中因收缴承包费产生的纠纷，一审适用《民法典》《农村土地承包法》的相关规定审理此案亦无不当。

◆ **第六十八条　授权省级人大常委会制定实施办法**

各省、自治区、直辖市人民代表大会常务委员会可以根据本法，结合本行政区域的实际情况，制定实施办法。

◆ **第六十九条　农村集体经济组织成员身份确认**

确认农村集体经济组织成员身份的原则、程序等，由法律、法规规定。

实用问答

妇女在农村集体经济组织成员身份确认等方面权益受到侵害的，应当怎么办？

答：根据《妇女权益保障法》第75条的规定，妇女在农村集体经济组织成员身份确认等方面权益受到侵害的，可以申请乡镇人民政府等进行协调，或者向人民法院起诉。

◆ **第七十条　施行日期**

本法自2003年3月1日起施行。

附录

一、登记管理

不动产登记暂行条例

（2014年11月24日国务院令第656号公布 根据2019年3月24日国务院令第710号《关于修改部分行政法规的决定》修订）

第一章 总 则

第一条 为整合不动产登记职责，规范登记行为，方便群众申请登记，保护权利人合法权益，根据《中华人民共和国物权法》等法律，制定本条例。

第二条 本条例所称不动产登记，是指不动产登记机构依法将不动产权利归属和其他法定事项记载于不动产登记簿的行为。

本条例所称不动产，是指土地、海域以及房屋、林木等定着物。

第三条 不动产首次登记、变更登记、转移登记、注销登记、更正登记、异议登记、预告登记、查封登记等，适用本条例。

第四条 国家实行不动产统一登记制度。

不动产登记遵循严格管理、稳定连续、方便群众的原则。

不动产权利人已经依法享有的不动产权利，不因登记机构和登记程序的改变而受到影响。

第五条 下列不动产权利，依照本条例的规定办理登记：

（一）集体土地所有权；

（二）房屋等建筑物、构筑物所有权；

（三）森林、林木所有权；

（四）耕地、林地、草地等土地承包经营权；

（五）建设用地使用权；

（六）宅基地使用权；

（七）海域使用权；

（八）地役权；

（九）抵押权；

（十）法律规定需要登记的其他不动产权利。

第六条 国务院国土资源主管部门负责指导、监督全国不动产登记工作。

县级以上地方人民政府应当确定一个部门为本行政区域的不动产登记机构，负责不动产登记工作，并接受上级人民政府不动产登记主管部门的指导、监督。

第七条 不动产登记由不动产所在地的县级人民政府不动产登记机构办理；直辖市、设区的市人民政府可以确定本级不动产登记机构统一办理所属各区的不动产登记。

跨县级行政区域的不动产登记，由所跨县级行政区域的不动产登记机构分别办理。不能分别办理的，由所跨县级行政区域的不动产登记机构协商办理；协商不成的，由共同的上一级人民政府不动产登记主管部门指定办理。

国务院确定的重点国有林区的森林、林木和林地，国务院批准项目用海、用岛，中央国家机关使用的国有土地等不动产登记，由国务院国土资源主管部门会同有关部门规定。

第二章　不动产登记簿

第八条 不动产以不动产单元为基本单位进行登记。不动产单元具有唯一编码。

不动产登记机构应当按照国务院国土资源主管部门的规定设立统一的不动产登记簿。

不动产登记簿应当记载以下事项：

（一）不动产的坐落、界址、空间界限、面积、用途等自然状况；

（二）不动产权利的主体、类型、内容、来源、期限、权利变化等权属状况；

（三）涉及不动产权利限制、提示的事项；

（四）其他相关事项。

第九条 不动产登记簿应当采用电子介质，暂不具备条件的，可以采用纸质介质。不动产登记机构应当明确不动产登记簿唯一、合法的介质形式。

不动产登记簿采用电子介质的，应当定期进行异地备份，并具有唯一、确定的纸质转化形式。

第十条 不动产登记机构应当依法将各类登记事项准确、完整、清晰地记载于不动产登记簿。任何人不得损毁不动产登记簿，除依法予以更正外不得修改登记事项。

第十一条 不动产登记工作人员应当具备与不动产登记工作相适应的专业知识和业务能力。

不动产登记机构应当加强对不动产登记工作人员的管理和专业技术培训。

第十二条 不动产登记机构应当指定专人负责不动产登记簿的保管，并建立健全相应的安全责任制度。

采用纸质介质不动产登记簿的，应当配备必要的防盗、防火、防渍、防有害生物等安全保护设施。

采用电子介质不动产登记簿的,应当配备专门的存储设施,并采取信息网络安全防护措施。

第十三条 不动产登记簿由不动产登记机构永久保存。不动产登记簿损毁、灭失的,不动产登记机构应当依据原有登记资料予以重建。

行政区域变更或者不动产登记机构职能调整的,应当及时将不动产登记簿移交相应的不动产登记机构。

第三章 登记程序

第十四条 因买卖、设定抵押权等申请不动产登记的,应当由当事人双方共同申请。

属于下列情形之一的,可以由当事人单方申请:

(一) 尚未登记的不动产首次申请登记的;

(二) 继承、接受遗赠取得不动产权利的;

(三) 人民法院、仲裁委员会生效的法律文书或者人民政府生效的决定等设立、变更、转让、消灭不动产权利的;

(四) 权利人姓名、名称或者自然状况发生变化,申请变更登记的;

(五) 不动产灭失或者权利人放弃不动产权利,申请注销登记的;

(六) 申请更正登记或者异议登记的;

(七) 法律、行政法规规定可以由当事人单方申请的其他情形。

第十五条 当事人或者其代理人应当向不动产登记机构申请不动产登记。

不动产登记机构将申请登记事项记载于不动产登记簿前,申请人可以撤回登记申请。

第十六条　申请人应当提交下列材料，并对申请材料的真实性负责：

（一）登记申请书；

（二）申请人、代理人身份证明材料、授权委托书；

（三）相关的不动产权属来源证明材料、登记原因证明文件、不动产权属证书；

（四）不动产界址、空间界限、面积等材料；

（五）与他人利害关系的说明材料；

（六）法律、行政法规以及本条例实施细则规定的其他材料。

不动产登记机构应当在办公场所和门户网站公开申请登记所需材料目录和示范文本等信息。

第十七条　不动产登记机构收到不动产登记申请材料，应当分别按照下列情况办理：

（一）属于登记职责范围，申请材料齐全、符合法定形式，或者申请人按照要求提交全部补正申请材料的，应当受理并书面告知申请人；

（二）申请材料存在可以当场更正的错误的，应当告知申请人当场更正，申请人当场更正后，应当受理并书面告知申请人；

（三）申请材料不齐全或者不符合法定形式的，应当当场书面告知申请人不予受理并一次性告知需要补正的全部内容；

（四）申请登记的不动产不属于本机构登记范围的，应当当场书面告知申请人不予受理并告知申请人向有登记权的机构申请。

不动产登记机构未当场书面告知申请人不予受理的，视为受理。

第十八条　不动产登记机构受理不动产登记申请的，应当按照下列要求进行查验：

（一）不动产界址、空间界限、面积等材料与申请登记的不动产

状况是否一致;

（二）有关证明材料、文件与申请登记的内容是否一致;

（三）登记申请是否违反法律、行政法规规定。

第十九条　属于下列情形之一的，不动产登记机构可以对申请登记的不动产进行实地查看：

（一）房屋等建筑物、构筑物所有权首次登记；

（二）在建建筑物抵押权登记；

（三）因不动产灭失导致的注销登记；

（四）不动产登记机构认为需要实地查看的其他情形。

对可能存在权属争议，或者可能涉及他人利害关系的登记申请，不动产登记机构可以向申请人、利害关系人或者有关单位进行调查。

不动产登记机构进行实地查看或者调查时，申请人、被调查人应当予以配合。

第二十条　不动产登记机构应当自受理登记申请之日起 30 个工作日内办结不动产登记手续，法律另有规定的除外。

第二十一条　登记事项自记载于不动产登记簿时完成登记。

不动产登记机构完成登记，应当依法向申请人核发不动产权属证书或者登记证明。

第二十二条　登记申请有下列情形之一的，不动产登记机构应当不予登记，并书面告知申请人：

（一）违反法律、行政法规规定的；

（二）存在尚未解决的权属争议的；

（三）申请登记的不动产权利超过规定期限的；

（四）法律、行政法规规定不予登记的其他情形。

第四章　登记信息共享与保护

第二十三条　国务院国土资源主管部门应当会同有关部门建立

统一的不动产登记信息管理基础平台。

各级不动产登记机构登记的信息应当纳入统一的不动产登记信息管理基础平台，确保国家、省、市、县四级登记信息的实时共享。

第二十四条　不动产登记有关信息与住房城乡建设、农业、林业、海洋等部门审批信息、交易信息等应当实时互通共享。

不动产登记机构能够通过实时互通共享取得的信息，不得要求不动产登记申请人重复提交。

第二十五条　国土资源、公安、民政、财政、税务、工商、金融、审计、统计等部门应当加强不动产登记有关信息互通共享。

第二十六条　不动产登记机构、不动产登记信息共享单位及其工作人员应当对不动产登记信息保密；涉及国家秘密的不动产登记信息，应当依法采取必要的安全保密措施。

第二十七条　权利人、利害关系人可以依法查询、复制不动产登记资料，不动产登记机构应当提供。

有关国家机关可以依照法律、行政法规的规定查询、复制与调查处理事项有关的不动产登记资料。

第二十八条　查询不动产登记资料的单位、个人应当向不动产登记机构说明查询目的，不得将查询获得的不动产登记资料用于其他目的；未经权利人同意，不得泄露查询获得的不动产登记资料。

第五章　法律责任

第二十九条　不动产登记机构登记错误给他人造成损害，或者当事人提供虚假材料申请登记给他人造成损害的，依照《中华人民共和国物权法》的规定承担赔偿责任。

第三十条　不动产登记机构工作人员进行虚假登记，损毁、伪造不动产登记簿，擅自修改登记事项，或者有其他滥用职权、玩忽职守行为的，依法给予处分；给他人造成损害的，依法承担赔偿责任；构成犯罪的，依法追究刑事责任。

第三十一条　伪造、变造不动产权属证书、不动产登记证明，或者买卖、使用伪造、变造的不动产权属证书、不动产登记证明的，由不动产登记机构或者公安机关依法予以收缴；有违法所得的，没收违法所得；给他人造成损害的，依法承担赔偿责任；构成违反治安管理行为的，依法给予治安管理处罚；构成犯罪的，依法追究刑事责任。

第三十二条　不动产登记机构、不动产登记信息共享单位及其工作人员，查询不动产登记资料的单位或者个人违反国家规定，泄露不动产登记资料、登记信息，或者利用不动产登记资料、登记信息进行不正当活动，给他人造成损害的，依法承担赔偿责任；对有关责任人员依法给予处分；有关责任人员构成犯罪的，依法追究刑事责任。

第六章　附　　则

第三十三条　本条例施行前依法颁发的各类不动产权属证书和制作的不动产登记簿继续有效。

不动产统一登记过渡期内，农村土地承包经营权的登记按照国家有关规定执行。

第三十四条　本条例实施细则由国务院国土资源主管部门会同有关部门制定。

第三十五条　本条例自2015年3月1日起施行。本条例施行前公布的行政法规有关不动产登记的规定与本条例规定不一致的，以本条例规定为准。

不动产登记暂行条例实施细则

(2016年1月1日国土资源部令第63号公布 根据2019年7月24日自然资源部令第5号《关于第一批废止和修改的部门规章的决定》修正)

第一章 总 则

第一条 为规范不动产登记行为,细化不动产统一登记制度,方便人民群众办理不动产登记,保护权利人合法权益,根据《不动产登记暂行条例》(以下简称《条例》),制定本实施细则。

第二条 不动产登记应当依照当事人的申请进行,但法律、行政法规以及本实施细则另有规定的除外。

房屋等建筑物、构筑物和森林、林木等定着物应当与其所依附的土地、海域一并登记,保持权利主体一致。

第三条 不动产登记机构依照《条例》第七条第二款的规定,协商办理或者接受指定办理跨县级行政区域不动产登记的,应当在登记完毕后将不动产登记簿记载的不动产权利人以及不动产坐落、界址、面积、用途、权利类型等登记结果告知不动产所跨区域的其他不动产登记机构。

第四条 国务院确定的重点国有林区的森林、林木和林地,由自然资源部受理并会同有关部门办理,依法向权利人核发不动产权属证书。

国务院批准的项目用海、用岛的登记,由自然资源部受理,依法向权利人核发不动产权属证书。

第二章 不动产登记簿

第五条 《条例》第八条规定的不动产单元,是指权属界线封闭且具有独立使用价值的空间。

没有房屋等建筑物、构筑物以及森林、林木定着物的,以土地、海域权属界线封闭的空间为不动产单元。

有房屋等建筑物、构筑物以及森林、林木定着物的,以该房屋等建筑物、构筑物以及森林、林木定着物与土地、海域权属界线封闭的空间为不动产单元。

前款所称房屋,包括独立成幢、权属界线封闭的空间,以及区分套、层、间等可以独立使用、权属界线封闭的空间。

第六条 不动产登记簿以宗地或者宗海为单位编成,一宗地或者一宗海范围内的全部不动产单元编入一个不动产登记簿。

第七条 不动产登记机构应当配备专门的不动产登记电子存储设施,采取信息网络安全防护措施,保证电子数据安全。

任何单位和个人不得擅自复制或者篡改不动产登记簿信息。

第八条 承担不动产登记审核、登簿的不动产登记工作人员应当熟悉相关法律法规,具备与其岗位相适应的不动产登记等方面的专业知识。

自然资源部会同有关部门组织开展对承担不动产登记审核、登簿的不动产登记工作人员的考核培训。

第三章 登记程序

第九条 申请不动产登记的,申请人应当填写登记申请书,并提交身份证明以及相关申请材料。

申请材料应当提供原件。因特殊情况不能提供原件的,可以提供复印件，复印件应当与原件保持一致。

第十条　处分共有不动产申请登记的，应当经占份额三分之二以上的按份共有人或者全体共同共有人共同申请，但共有人另有约定的除外。

按份共有人转让其享有的不动产份额，应当与受让人共同申请转移登记。

建筑区划内依法属于全体业主共有的不动产申请登记，依照本实施细则第三十六条的规定办理。

第十一条　无民事行为能力人、限制民事行为能力人申请不动产登记的，应当由其监护人代为申请。

监护人代为申请登记的，应当提供监护人与被监护人的身份证或者户口簿、有关监护关系等材料；因处分不动产而申请登记的，还应当提供为被监护人利益的书面保证。

父母之外的监护人处分未成年人不动产的，有关监护关系材料可以是人民法院指定监护的法律文书、经过公证的对被监护人享有监护权的材料或者其他材料。

第十二条　当事人可以委托他人代为申请不动产登记。

代理申请不动产登记的，代理人应当向不动产登记机构提供被代理人签字或者盖章的授权委托书。

自然人处分不动产，委托代理人申请登记的，应当与代理人共同到不动产登记机构现场签订授权委托书，但授权委托书经公证的除外。

境外申请人委托他人办理处分不动产登记的，其授权委托书应当按照国家有关规定办理认证或者公证。

第十三条　申请登记的事项记载于不动产登记簿前，全体申请人提出撤回登记申请的，登记机构应当将登记申请书以及相关材料退还申请人。

第十四条　因继承、受遗赠取得不动产，当事人申请登记的，应当提交死亡证明材料、遗嘱或者全部法定继承人关于不动产分配的协议以及与被继承人的亲属关系材料等，也可以提交经公证的材料或者生效的法律文书。

第十五条　不动产登记机构受理不动产登记申请后，还应当对下列内容进行查验：

（一）申请人、委托代理人身份证明材料以及授权委托书与申请主体是否一致；

（二）权属来源材料或者登记原因文件与申请登记的内容是否一致；

（三）不动产界址、空间界限、面积等权籍调查成果是否完备，权属是否清楚、界址是否清晰、面积是否准确；

（四）法律、行政法规规定的完税或者缴费凭证是否齐全。

第十六条　不动产登记机构进行实地查看，重点查看下列情况：

（一）房屋等建筑物、构筑物所有权首次登记，查看房屋坐落及其建造完成等情况；

（二）在建建筑物抵押权登记，查看抵押的在建建筑物坐落及其建造等情况；

（三）因不动产灭失导致的注销登记，查看不动产灭失等情况。

第十七条　有下列情形之一的，不动产登记机构应当在登记事项记载于登记簿前进行公告，但涉及国家秘密的除外：

（一）政府组织的集体土地所有权登记；

（二）宅基地使用权及房屋所有权，集体建设用地使用权及建筑物、构筑物所有权，土地承包经营权等不动产权利的首次登记；

（三）依职权更正登记；

（四）依职权注销登记；

（五）法律、行政法规规定的其他情形。

公告应当在不动产登记机构门户网站以及不动产所在地等指定场所进行，公告期不少于 15 个工作日。公告所需时间不计算在登记办理期限内。公告期满无异议或者异议不成立的，应当及时记载于不动产登记簿。

第十八条 不动产登记公告的主要内容包括：

（一）拟予登记的不动产权利人的姓名或者名称；

（二）拟予登记的不动产坐落、面积、用途、权利类型等；

（三）提出异议的期限、方式和受理机构；

（四）需要公告的其他事项。

第十九条 当事人可以持人民法院、仲裁委员会的生效法律文书或者人民政府的生效决定单方申请不动产登记。

有下列情形之一的，不动产登记机构直接办理不动产登记：

（一）人民法院持生效法律文书和协助执行通知书要求不动产登记机构办理登记的；

（二）人民检察院、公安机关依据法律规定持协助查封通知书要求办理查封登记的；

（三）人民政府依法做出征收或者收回不动产权利决定生效后，要求不动产登记机构办理注销登记的；

（四）法律、行政法规规定的其他情形。

不动产登记机构认为登记事项存在异议的，应当依法向有关机关提出审查建议。

第二十条 不动产登记机构应当根据不动产登记簿，填写并核发不动产权属证书或者不动产登记证明。

除办理抵押权登记、地役权登记和预告登记、异议登记，向申请人核发不动产登记证明外，不动产登记机构应当依法向权利人核发不动产权属证书。

不动产权属证书和不动产登记证明，应当加盖不动产登记机构登记专用章。

不动产权属证书和不动产登记证明样式，由自然资源部统一规定。

第二十一条 申请共有不动产登记的，不动产登记机构向全体共有人合并发放一本不动产权属证书；共有人申请分别持证的，可以为共有人分别发放不动产权属证书。

共有不动产权属证书应当注明共有情况，并列明全体共有人。

第二十二条 不动产权属证书或者不动产登记证明污损、破损的，当事人可以向不动产登记机构申请换发。符合换发条件的，不动产登记机构应当予以换发，并收回原不动产权属证书或者不动产登记证明。

不动产权属证书或者不动产登记证明遗失、灭失，不动产权利人申请补发的，由不动产登记机构在其门户网站上刊发不动产权利人的遗失、灭失声明15个工作日后，予以补发。

不动产登记机构补发不动产权属证书或者不动产登记证明的，应当将补发不动产权属证书或者不动产登记证明的事项记载于不动产登记簿，并在不动产权属证书或者不动产登记证明上注明"补发"字样。

第二十三条 因不动产权利灭失等情形，不动产登记机构需要收回不动产权属证书或者不动产登记证明的，应当在不动产登记簿上将收回不动产权属证书或者不动产登记证明的事项予以注明；确实无法收回的，应当在不动产登记机构门户网站或者当地公开发行的报刊上公告作废。

第四章　不动产权利登记

第一节　一般规定

第二十四条　不动产首次登记,是指不动产权利第一次登记。

未办理不动产首次登记的,不得办理不动产其他类型登记,但法律、行政法规另有规定的除外。

第二十五条　市、县人民政府可以根据情况对本行政区域内未登记的不动产,组织开展集体土地所有权、宅基地使用权、集体建设用地使用权、土地承包经营权的首次登记。

依照前款规定办理首次登记所需的权属来源、调查等登记材料,由人民政府有关部门组织获取。

第二十六条　下列情形之一的,不动产权利人可以向不动产登记机构申请变更登记:

(一) 权利人的姓名、名称、身份证明类型或者身份证明号码发生变更的;

(二) 不动产的坐落、界址、用途、面积等状况变更的;

(三) 不动产权利期限、来源等状况发生变化的;

(四) 同一权利人分割或者合并不动产的;

(五) 抵押担保的范围、主债权数额、债务履行期限、抵押权顺位发生变化的;

(六) 最高额抵押担保的债权范围、最高债权额、债权确定期间等发生变化的;

(七) 地役权的利用目的、方法等发生变化的;

(八) 共有性质发生变更的;

(九) 法律、行政法规规定的其他不涉及不动产权利转移的变更情形。

第二十七条 因下列情形导致不动产权利转移的,当事人可以向不动产登记机构申请转移登记:

(一)买卖、互换、赠与不动产的;

(二)以不动产作价出资(入股)的;

(三)法人或者其他组织因合并、分立等原因致使不动产权利发生转移的;

(四)不动产分割、合并导致权利发生转移的;

(五)继承、受遗赠导致权利发生转移的;

(六)共有人增加或者减少以及共有不动产份额变化的;

(七)因人民法院、仲裁委员会的生效法律文书导致不动产权利发生转移的;

(八)因主债权转移引起不动产抵押权转移的;

(九)因需役地不动产权利转移引起地役权转移的;

(十)法律、行政法规规定的其他不动产权利转移情形。

第二十八条 有下列情形之一的,当事人可以申请办理注销登记:

(一)不动产灭失的;

(二)权利人放弃不动产权利的;

(三)不动产被依法没收、征收或者收回的;

(四)人民法院、仲裁委员会的生效法律文书导致不动产权利消灭的;

(五)法律、行政法规规定的其他情形。

不动产上已经设立抵押权、地役权或者已经办理预告登记,所有权人、使用权人因放弃权利申请注销登记的,申请人应当提供抵押权人、地役权人、预告登记权利人同意的书面材料。

第二节　集体土地所有权登记

第二十九条　集体土地所有权登记，依照下列规定提出申请：

（一）土地属于村农民集体所有的，由村集体经济组织代为申请，没有集体经济组织的，由村民委员会代为申请；

（二）土地分别属于村内两个以上农民集体所有的，由村内各集体经济组织代为申请，没有集体经济组织的，由村民小组代为申请；

（三）土地属于乡（镇）农民集体所有的，由乡（镇）集体经济组织代为申请。

第三十条　申请集体土地所有权首次登记的，应当提交下列材料：

（一）土地权属来源材料；

（二）权籍调查表、宗地图以及宗地界址点坐标；

（三）其他必要材料。

第三十一条　农民集体因互换、土地调整等原因导致集体土地所有权转移，申请集体土地所有权转移登记的，应当提交下列材料：

（一）不动产权属证书；

（二）互换、调整协议等集体土地所有权转移的材料；

（三）本集体经济组织三分之二以上成员或者三分之二以上村民代表同意的材料；

（四）其他必要材料。

第三十二条　申请集体土地所有权变更、注销登记的，应当提交下列材料：

（一）不动产权属证书；

（二）集体土地所有权变更、消灭的材料；

（三）其他必要材料。

第三节　国有建设用地使用权及房屋所有权登记

第三十三条　依法取得国有建设用地使用权，可以单独申请国有建设用地使用权登记。

依法利用国有建设用地建造房屋的，可以申请国有建设用地使用权及房屋所有权登记。

第三十四条　申请国有建设用地使用权首次登记，应当提交下列材料：

（一）土地权属来源材料；

（二）权籍调查表、宗地图以及宗地界址点坐标；

（三）土地出让价款、土地租金、相关税费等缴纳凭证；

（四）其他必要材料。

前款规定的土地权属来源材料，根据权利取得方式的不同，包括国有建设用地划拨决定书、国有建设用地使用权出让合同、国有建设用地使用权租赁合同以及国有建设用地使用权作价出资（入股）、授权经营批准文件。

申请在地上或者地下单独设立国有建设用地使用权登记的，按照本条规定办理。

第三十五条　申请国有建设用地使用权及房屋所有权首次登记的，应当提交下列材料：

（一）不动产权属证书或者土地权属来源材料；

（二）建设工程符合规划的材料；

（三）房屋已经竣工的材料；

（四）房地产调查或者测绘报告；

（五）相关税费缴纳凭证；

（六）其他必要材料。

第三十六条　办理房屋所有权首次登记时,申请人应当将建筑区划内依法属于业主共有的道路、绿地、其他公共场所、公用设施和物业服务用房及其占用范围内的建设用地使用权一并申请登记为业主共有。业主转让房屋所有权的,其对共有部分享有的权利依法一并转让。

第三十七条　申请国有建设用地使用权及房屋所有权变更登记的,应当根据不同情况,提交下列材料:

(一) 不动产权属证书;

(二) 发生变更的材料;

(三) 有批准权的人民政府或者主管部门的批准文件;

(四) 国有建设用地使用权出让合同或者补充协议;

(五) 国有建设用地使用权出让价款、税费等缴纳凭证;

(六) 其他必要材料。

第三十八条　申请国有建设用地使用权及房屋所有权转移登记的,应当根据不同情况,提交下列材料:

(一) 不动产权属证书;

(二) 买卖、互换、赠与合同;

(三) 继承或者受遗赠的材料;

(四) 分割、合并协议;

(五) 人民法院或者仲裁委员会生效的法律文书;

(六) 有批准权的人民政府或者主管部门的批准文件;

(七) 相关税费缴纳凭证;

(八) 其他必要材料。

不动产买卖合同依法应当备案的,申请人申请登记时须提交经备案的买卖合同。

第三十九条　具有独立利用价值的特定空间以及码头、油库等其他建筑物、构筑物所有权的登记，按照本实施细则中房屋所有权登记有关规定办理。

第四节 宅基地使用权及房屋所有权登记

第四十条 依法取得宅基地使用权，可以单独申请宅基地使用权登记。

依法利用宅基地建造住房及其附属设施的，可以申请宅基地使用权及房屋所有权登记。

第四十一条 申请宅基地使用权及房屋所有权首次登记的，应当根据不同情况，提交下列材料：

（一）申请人身份证和户口簿；

（二）不动产权属证书或者有批准权的人民政府批准用地的文件等权属来源材料；

（三）房屋符合规划或者建设的相关材料；

（四）权籍调查表、宗地图、房屋平面图以及宗地界址点坐标等有关不动产界址、面积等材料；

（五）其他必要材料。

第四十二条 因依法继承、分家析产、集体经济组织内部互换房屋等导致宅基地使用权及房屋所有权发生转移申请登记的，申请人应当根据不同情况，提交下列材料：

（一）不动产权属证书或者其他权属来源材料；

（二）依法继承的材料；

（三）分家析产的协议或者材料；

（四）集体经济组织内部互换房屋的协议；

（五）其他必要材料。

第四十三条 申请宅基地等集体土地上的建筑物区分所有权登

记的，参照国有建设用地使用权及建筑物区分所有权的规定办理登记。

第五节 集体建设用地使用权及建筑物、构筑物所有权登记

第四十四条 依法取得集体建设用地使用权，可以单独申请集体建设用地使用权登记。

依法利用集体建设用地兴办企业，建设公共设施，从事公益事业等的，可以申请集体建设用地使用权及地上建筑物、构筑物所有权登记。

第四十五条 申请集体建设用地使用权及建筑物、构筑物所有权首次登记的，申请人应当根据不同情况，提交下列材料：

（一）有批准权的人民政府批准用地的文件等土地权属来源材料；

（二）建设工程符合规划的材料；

（三）权籍调查表、宗地图、房屋平面图以及宗地界址点坐标等有关不动产界址、面积等材料；

（四）建设工程已竣工的材料；

（五）其他必要材料。

集体建设用地使用权首次登记完成后，申请人申请建筑物、构筑物所有权首次登记的，应当提交享有集体建设用地使用权的不动产权属证书。

第四十六条 申请集体建设用地使用权及建筑物、构筑物所有权变更登记、转移登记、注销登记的，申请人应当根据不同情况，提交下列材料：

（一）不动产权属证书；

（二）集体建设用地使用权及建筑物、构筑物所有权变更、转移、消灭的材料；

（三）其他必要材料。

因企业兼并、破产等原因致使集体建设用地使用权及建筑物、构筑物所有权发生转移的，申请人应当持相关协议及有关部门的批准文件等相关材料，申请不动产转移登记。

第六节 土地承包经营权登记

第四十七条 承包农民集体所有的耕地、林地、草地、水域、滩涂以及荒山、荒沟、荒丘、荒滩等农用地，或者国家所有依法由农民集体使用的农用地从事种植业、林业、畜牧业、渔业等农业生产的，可以申请土地承包经营权登记；地上有森林、林木的，应当在申请土地承包经营权登记时一并申请登记。

第四十八条 依法以承包方式在土地上从事种植业或者养殖业生产活动的，可以申请土地承包经营权的首次登记。

以家庭承包方式取得的土地承包经营权的首次登记，由发包方持土地承包经营合同等材料申请。

以招标、拍卖、公开协商等方式承包农村土地的，由承包方持土地承包经营合同申请土地承包经营权首次登记。

第四十九条 已经登记的土地承包经营权有下列情形之一的，承包方应当持原不动产权属证书以及其他证实发生变更事实的材料，申请土地承包经营权变更登记：

（一）权利人的姓名或者名称等事项发生变化的；

（二）承包土地的坐落、名称、面积发生变化的；

（三）承包期限依法变更的；

（四）承包期限届满，土地承包经营权人按照国家有关规定继续承包的；

（五）退耕还林、退耕还湖、退耕还草导致土地用途改变的；

（六）森林、林木的种类等发生变化的；

（七）法律、行政法规规定的其他情形。

第五十条 已经登记的土地承包经营权发生下列情形之一的，当事人双方应当持互换协议、转让合同等材料，申请土地承包经营权的转移登记：

（一）互换；

（二）转让；

（三）因家庭关系、婚姻关系变化等原因导致土地承包经营权分割或者合并的；

（四）依法导致土地承包经营权转移的其他情形。

以家庭承包方式取得的土地承包经营权，采取转让方式流转的，还应当提供发包方同意的材料。

第五十一条 已经登记的土地承包经营权发生下列情形之一的，承包方应当持不动产权属证书、证实灭失的材料等，申请注销登记：

（一）承包经营的土地灭失的；

（二）承包经营的土地被依法转为建设用地的；

（三）承包经营权人丧失承包经营资格或者放弃承包经营权的；

（四）法律、行政法规规定的其他情形。

第五十二条 以承包经营以外的合法方式使用国有农用地的国有农场、草场，以及使用国家所有的水域、滩涂等农用地进行农业生产，申请国有农用地的使用权登记的，参照本实施细则有关规定办理。

国有农场、草场申请国有未利用地登记的，依照前款规定办理。

第五十三条 国有林地使用权登记，应当提交有批准权的人民政府或者主管部门的批准文件，地上森林、林木一并登记。

第七节　海域使用权登记

第五十四条　依法取得海域使用权，可以单独申请海域使用权登记。

依法使用海域，在海域上建造建筑物、构筑物的，应当申请海域使用权及建筑物、构筑物所有权登记。

申请无居民海岛登记的，参照海域使用权登记有关规定办理。

第五十五条　申请海域使用权首次登记的，应当提交下列材料：

（一）项目用海批准文件或者海域使用权出让合同；

（二）宗海图以及界址点坐标；

（三）海域使用金缴纳或者减免凭证；

（四）其他必要材料。

第五十六条　有下列情形之一的，申请人应当持不动产权属证书、海域使用权变更的文件等材料，申请海域使用权变更登记：

（一）海域使用权人姓名或者名称改变的；

（二）海域坐落、名称发生变化的；

（三）改变海域使用位置、面积或者期限的；

（四）海域使用权续期的；

（五）共有性质变更的；

（六）法律、行政法规规定的其他情形。

第五十七条　有下列情形之一的，申请人可以申请海域使用权转移登记：

（一）因企业合并、分立或者与他人合资、合作经营、作价入股导致海域使用权转移的；

（二）依法转让、赠与、继承、受遗赠海域使用权的；

（三）因人民法院、仲裁委员会生效法律文书导致海域使用权转移的；

（四）法律、行政法规规定的其他情形。

第五十八条 申请海域使用权转移登记的，申请人应当提交下列材料：

（一）不动产权属证书；

（二）海域使用权转让合同、继承材料、生效法律文书等材料；

（三）转让批准取得的海域使用权，应当提交原批准用海的海洋行政主管部门批准转让的文件；

（四）依法需要补交海域使用金的，应当提交海域使用金缴纳的凭证；

（五）其他必要材料。

第五十九条 申请海域使用权注销登记的，申请人应当提交下列材料：

（一）原不动产权属证书；

（二）海域使用权消灭的材料；

（三）其他必要材料。

因围填海造地等导致海域灭失的，申请人应当在围填海造地等工程竣工后，依照本实施细则规定申请国有土地使用权登记，并办理海域使用权注销登记。

第八节　地役权登记

第六十条 按照约定设定地役权，当事人可以持需役地和供役地的不动产权属证书、地役权合同以及其他必要文件，申请地役权首次登记。

第六十一条 经依法登记的地役权发生下列情形之一的，当事人应当持地役权合同、不动产登记证明和证实变更的材料等必要材料，申请地役权变更登记：

（一）地役权当事人的姓名或者名称等发生变化；

（二）共有性质变更的；

（三）需役地或者供役地自然状况发生变化；

（四）地役权内容变更的；

（五）法律、行政法规规定的其他情形。

供役地分割转让办理登记，转让部分涉及地役权的，应当由受让人与地役权人一并申请地役权变更登记。

第六十二条 已经登记的地役权因土地承包经营权、建设用地使用权转让发生转移的，当事人应当持不动产登记证明、地役权转移合同等必要材料，申请地役权转移登记。

申请需役地转移登记的，或者需役地分割转让，转让部分涉及已登记的地役权的，当事人应当一并申请地役权转移登记，但当事人另有约定的除外。当事人拒绝一并申请地役权转移登记的，应当出具书面材料。不动产登记机构办理转移登记时，应当同时办理地役权注销登记。

第六十三条 已经登记的地役权，有下列情形之一的，当事人可以持不动产登记证明、证实地役权发生消灭的材料等必要材料，申请地役权注销登记：

（一）地役权期限届满；

（二）供役地、需役地归于同一人；

（三）供役地或者需役地灭失；

（四）人民法院、仲裁委员会的生效法律文书导致地役权消灭；

（五）依法解除地役权合同；

（六）其他导致地役权消灭的事由。

第六十四条 地役权登记,不动产登记机构应当将登记事项分别记载于需役地和供役地登记簿。

供役地、需役地分属不同不动产登记机构管辖的,当事人应当向供役地所在地的不动产登记机构申请地役权登记。供役地所在地不动产登记机构完成登记后,应当将相关事项通知需役地所在地不动产登记机构,并由其记载于需役地登记簿。

地役权设立后,办理首次登记前发生变更、转移的,当事人应当提交相关材料,就已经变更或者转移的地役权,直接申请首次登记。

第九节 抵押权登记

第六十五条 对下列财产进行抵押的,可以申请办理不动产抵押登记:

(一)建设用地使用权;

(二)建筑物和其他土地附着物;

(三)海域使用权;

(四)以招标、拍卖、公开协商等方式取得的荒地等土地承包经营权;

(五)正在建造的建筑物;

(六)法律、行政法规未禁止抵押的其他不动产。

以建设用地使用权、海域使用权抵押的,该土地、海域上的建筑物、构筑物一并抵押;以建筑物、构筑物抵押的,该建筑物、构筑物占用范围内的建设用地使用权、海域使用权一并抵押。

第六十六条 自然人、法人或者其他组织为保障其债权的实现,依法以不动产设定抵押的,可以由当事人持不动产权属证书、抵押合同与主债权合同等必要材料,共同申请办理抵押登记。

抵押合同可以是单独订立的书面合同，也可以是主债权合同中的抵押条款。

第六十七条 同一不动产上设立多个抵押权的，不动产登记机构应当按照受理时间的先后顺序依次办理登记，并记载于不动产登记簿。当事人对抵押权顺位另有约定的，从其规定办理登记。

第六十八条 有下列情形之一的，当事人应当持不动产权属证书、不动产登记证明、抵押权变更等必要材料，申请抵押权变更登记：

（一）抵押人、抵押权人的姓名或者名称变更的；

（二）被担保的主债权数额变更的；

（三）债务履行期限变更的；

（四）抵押权顺位变更的；

（五）法律、行政法规规定的其他情形。

因被担保债权主债权的种类及数额、担保范围、债务履行期限、抵押权顺位发生变更申请抵押权变更登记时，如果该抵押权的变更将对其他抵押权人产生不利影响的，还应当提交其他抵押权人书面同意的材料与身份证或者户口簿等材料。

第六十九条 因主债权转让导致抵押权转让的，当事人可以持不动产权属证书、不动产登记证明、被担保主债权的转让协议、债权人已经通知债务人的材料等相关材料，申请抵押权的转移登记。

第七十条 有下列情形之一的，当事人可以持不动产登记证明、抵押权消灭的材料等必要材料，申请抵押权注销登记：

（一）主债权消灭；

（二）抵押权已经实现；

（三）抵押权人放弃抵押权；

（四）法律、行政法规规定抵押权消灭的其他情形。

第七十一条　设立最高额抵押权的,当事人应当持不动产权属证书、最高额抵押合同与一定期间内将要连续发生的债权的合同或者其他登记原因材料等必要材料,申请最高额抵押权首次登记。

当事人申请最高额抵押权首次登记时,同意将最高额抵押权设立前已经存在的债权转入最高额抵押担保的债权范围的,还应当提交已存在债权的合同以及当事人同意将该债权纳入最高额抵押权担保范围的书面材料。

第七十二条　有下列情形之一的,当事人应当持不动产登记证明、最高额抵押权发生变更的材料等必要材料,申请最高额抵押权变更登记:

(一) 抵押人、抵押权人的姓名或者名称变更的;

(二) 债权范围变更的;

(三) 最高债权额变更的;

(四) 债权确定的期间变更的;

(五) 抵押权顺位变更的;

(六) 法律、行政法规规定的其他情形。

因最高债权额、债权范围、债务履行期限、债权确定的期间发生变更申请最高额抵押权变更登记时,如果该变更将对其他抵押权人产生不利影响的,当事人还应当提交其他抵押权人的书面同意文件与身份证或者户口簿等。

第七十三条　当发生导致最高额抵押权担保的债权被确定的事由,从而使最高额抵押权转变为一般抵押权时,当事人应当持不动产登记证明、最高额抵押权担保的债权已确定的材料等必要材料,申请办理确定最高额抵押权的登记。

第七十四条　最高额抵押权发生转移的,应当持不动产登记证明、部分债权转移的材料、当事人约定最高额抵押权随同部分债权的转让而转移的材料等必要材料，申请办理最高额抵押权转移登记。

债权人转让部分债权，当事人约定最高额抵押权随同部分债权的转让而转移的，应当分别申请下列登记：

（一）当事人约定原抵押权人与受让人共同享有最高额抵押权的，应当申请最高额抵押权的转移登记；

（二）当事人约定受让人享有一般抵押权、原抵押权人就扣减已转移的债权数额后继续享有最高额抵押权的，应当申请一般抵押权的首次登记以及最高额抵押权的变更登记；

（三）当事人约定原抵押权人不再享有最高额抵押权的，应当一并申请最高额抵押权确定登记以及一般抵押权转移登记。

最高额抵押权担保的债权确定前，债权人转让部分债权的，除当事人另有约定外，不动产登记机构不得办理最高额抵押权转移登记。

第七十五条　以建设用地使用权以及全部或者部分在建建筑物设定抵押的，应当一并申请建设用地使用权以及在建建筑物抵押权的首次登记。

当事人申请在建建筑物抵押权首次登记时，抵押财产不包括已经办理预告登记的预购商品房和已经办理预售备案的商品房。

前款规定的在建建筑物，是指正在建造、尚未办理所有权首次登记的房屋等建筑物。

第七十六条　申请在建建筑物抵押权首次登记的，当事人应当提交下列材料：

（一）抵押合同与主债权合同；

（二）享有建设用地使用权的不动产权属证书；

（三）建设工程规划许可证；

（四）其他必要材料。

第七十七条　在建建筑物抵押权变更、转移或者消灭的，当事人应当提交下列材料，申请变更登记、转移登记、注销登记：

（一）不动产登记证明；

（二）在建建筑物抵押权发生变更、转移或者消灭的材料；

（三）其他必要材料。

在建建筑物竣工，办理建筑物所有权首次登记时，当事人应当申请将在建建筑物抵押权登记转为建筑物抵押权登记。

第七十八条　申请预购商品房抵押登记，应当提交下列材料：

（一）抵押合同与主债权合同；

（二）预购商品房预告登记材料；

（三）其他必要材料。

预购商品房办理房屋所有权登记后，当事人应当申请将预购商品房抵押预告登记转为商品房抵押权首次登记。

第五章　其他登记

第一节　更正登记

第七十九条　权利人、利害关系人认为不动产登记簿记载的事项有错误，可以申请更正登记。

权利人申请更正登记的，应当提交下列材料：

（一）不动产权属证书；

（二）证实登记确有错误的材料；

（三）其他必要材料。

利害关系人申请更正登记的，应当提交利害关系材料、证实不动产登记簿记载错误的材料以及其他必要材料。

第八十条　不动产权利人或者利害关系人申请更正登记，不动产登记机构认为不动产登记簿记载确有错误的,应当予以更正;但在错误登记之后已经办理了涉及不动产权利处分的登记、预告登记和查封登记的除外。

不动产权属证书或者不动产登记证明填制错误以及不动产登记机构在办理更正登记中,需要更正不动产权属证书或者不动产登记证明内容的,应当书面通知权利人换发,并把换发不动产权属证书或者不动产登记证明的事项记载于登记簿。

不动产登记簿记载无误的,不动产登记机构不予更正,并书面通知申请人。

第八十一条 不动产登记机构发现不动产登记簿记载的事项错误,应当通知当事人在30个工作日内办理更正登记。当事人逾期不办理的,不动产登记机构应当在公告15个工作日后,依法予以更正;但在错误登记之后已经办理了涉及不动产权利处分的登记、预告登记和查封登记的除外。

第二节 异议登记

第八十二条 利害关系人认为不动产登记簿记载的事项错误,权利人不同意更正的,利害关系人可以申请异议登记。

利害关系人申请异议登记的,应当提交下列材料:

(一)证实对登记的不动产权利有利害关系的材料;

(二)证实不动产登记簿记载的事项错误的材料;

(三)其他必要材料。

第八十三条 不动产登记机构受理异议登记申请的,应当将异议事项记载于不动产登记簿,并向申请人出具异议登记证明。

异议登记申请人应当在异议登记之日起15日内,提交人民法院受理通知书、仲裁委员会受理通知书等提起诉讼、申请仲裁的材料;

逾期不提交的,异议登记失效。

异议登记失效后,申请人就同一事项以同一理由再次申请异议登记的,不动产登记机构不予受理。

第八十四条 异议登记期间,不动产登记簿上记载的权利人以及第三人因处分权利申请登记的,不动产登记机构应当书面告知申请人该权利已经存在异议登记的有关事项。申请人申请继续办理的,应当予以办理,但申请人应当提供知悉异议登记存在并自担风险的书面承诺。

第三节 预告登记

第八十五条 有下列情形之一的,当事人可以按照约定申请不动产预告登记:

(一)商品房等不动产预售的;

(二)不动产买卖、抵押的;

(三)以预购商品房设定抵押权的;

(四)法律、行政法规规定的其他情形。

预告登记生效期间,未经预告登记的权利人书面同意,处分该不动产权利申请登记的,不动产登记机构应当不予办理。

预告登记后,债权未消灭且自能够进行相应的不动产登记之日起3个月内,当事人申请不动产登记的,不动产登记机构应当按照预告登记事项办理相应的登记。

第八十六条 申请预购商品房的预告登记,应当提交下列材料:

(一)已备案的商品房预售合同;

(二)当事人关于预告登记的约定;

(三)其他必要材料。

预售人和预购人订立商品房买卖合同后,预售人未按照约定与预购人申请预告登记，预购人可以单方申请预告登记。

预购人单方申请预购商品房预告登记，预售人与预购人在商品房预售合同中对预告登记附有条件和期限的，预购人应当提交相应材料。

申请预告登记的商品房已经办理在建建筑物抵押权首次登记的，当事人应当一并申请在建建筑物抵押权注销登记，并提交不动产权属转移材料、不动产登记证明。不动产登记机构应当先办理在建建筑物抵押权注销登记，再办理预告登记。

第八十七条 申请不动产转移预告登记的，当事人应当提交下列材料：

（一）不动产转让合同；

（二）转让方的不动产权属证书；

（三）当事人关于预告登记的约定；

（四）其他必要材料。

第八十八条 抵押不动产，申请预告登记的，当事人应当提交下列材料：

（一）抵押合同与主债权合同；

（二）不动产权属证书；

（三）当事人关于预告登记的约定；

（四）其他必要材料。

第八十九条 预告登记未到期，有下列情形之一的，当事人可以持不动产登记证明、债权消灭或者权利人放弃预告登记的材料，以及法律、行政法规规定的其他必要材料申请注销预告登记：

（一）预告登记的权利人放弃预告登记的；

（二）债权消灭的；

（三）法律、行政法规规定的其他情形。

第四节　查封登记

第九十条　人民法院要求不动产登记机构办理查封登记的，应当提交下列材料：

（一）人民法院工作人员的工作证；

（二）协助执行通知书；

（三）其他必要材料。

第九十一条　两个以上人民法院查封同一不动产的，不动产登记机构应当为先送达协助执行通知书的人民法院办理查封登记，对后送达协助执行通知书的人民法院办理轮候查封登记。

轮候查封登记的顺序按照人民法院协助执行通知书送达不动产登记机构的时间先后进行排列。

第九十二条　查封期间，人民法院解除查封的，不动产登记机构应当及时根据人民法院协助执行通知书注销查封登记。

不动产查封期限届满，人民法院未续封的，查封登记失效。

第九十三条　人民检察院等其他国家有权机关依法要求不动产登记机构办理查封登记的，参照本节规定办理。

第六章　不动产登记资料的查询、保护和利用

第九十四条　不动产登记资料包括：

（一）不动产登记簿等不动产登记结果；

（二）不动产登记原始资料，包括不动产登记申请书、申请人身份材料、不动产权属来源、登记原因、不动产权籍调查成果等材料以及不动产登记机构审核材料。

不动产登记资料由不动产登记机构管理。不动产登记机构应当建立不动产登记资料管理制度以及信息安全保密制度，建设符合不

动产登记资料安全保护标准的不动产登记资料存放场所。

不动产登记资料中属于归档范围的，按照相关法律、行政法规的规定进行归档管理，具体办法由自然资源部会同国家档案主管部门另行制定。

第九十五条 不动产登记机构应当加强不动产登记信息化建设，按照统一的不动产登记信息管理基础平台建设要求和技术标准，做好数据整合、系统建设和信息服务等工作，加强不动产登记信息产品开发和技术创新，提高不动产登记的社会综合效益。

各级不动产登记机构应当采取措施保障不动产登记信息安全。任何单位和个人不得泄露不动产登记信息。

第九十六条 不动产登记机构、不动产交易机构建立不动产登记信息与交易信息互联共享机制，确保不动产登记与交易有序衔接。

不动产交易机构应当将不动产交易信息及时提供给不动产登记机构。不动产登记机构完成登记后，应当将登记信息及时提供给不动产交易机构。

第九十七条 国家实行不动产登记资料依法查询制度。

权利人、利害关系人按照《条例》第二十七条规定依法查询、复制不动产登记资料的，应当到具体办理不动产登记的不动产登记机构申请。

权利人可以查询、复制其不动产登记资料。

因不动产交易、继承、诉讼等涉及的利害关系人可以查询、复制不动产自然状况、权利人及其不动产查封、抵押、预告登记、异议登记等状况。

人民法院、人民检察院、国家安全机关、监察机关等可以依法查询、复制与调查和处理事项有关的不动产登记资料。

其他有关国家机关执行公务依法查询、复制不动产登记资料的，依照本条规定办理。

涉及国家秘密的不动产登记资料的查询,按照保守国家秘密法的有关规定执行。

第九十八条 权利人、利害关系人申请查询、复制不动产登记资料应当提交下列材料:

(一)查询申请书;

(二)查询目的的说明;

(三)申请人的身份材料;

(四)利害关系人查询的,提交证实存在利害关系的材料。

权利人、利害关系人委托他人代为查询的,还应当提交代理人的身份证明材料、授权委托书。权利人查询其不动产登记资料无需提供查询目的的说明。

有关国家机关查询的,应当提供本单位出具的协助查询材料、工作人员的工作证。

第九十九条 有下列情形之一的,不动产登记机构不予查询,并书面告知理由:

(一)申请查询的不动产不属于不动产登记机构管辖范围的;

(二)查询人提交的申请材料不符合规定的;

(三)申请查询的主体或者查询事项不符合规定的;

(四)申请查询的目的不合法的;

(五)法律、行政法规规定的其他情形。

第一百条 对符合本实施细则规定的查询申请,不动产登记机构应当当场提供查询;因情况特殊,不能当场提供查询的,应当在5个工作日内提供查询。

第一百零一条 查询人查询不动产登记资料,应当在不动产登记机构设定的场所进行。

不动产登记原始资料不得带离设定的场所。

查询人在查询时应当保持不动产登记资料的完好，严禁遗失、拆散、调换、抽取、污损登记资料，也不得损坏查询设备。

第一百零二条　查询人可以查阅、抄录不动产登记资料。查询人要求复制不动产登记资料的，不动产登记机构应当提供复制。

查询人要求出具查询结果证明的，不动产登记机构应当出具查询结果证明。查询结果证明应注明查询目的及日期，并加盖不动产登记机构查询专用章。

第七章　法律责任

第一百零三条　不动产登记机构工作人员违反本实施细则规定，有下列行为之一，依法给予处分；构成犯罪的，依法追究刑事责任：

（一）对符合登记条件的登记申请不予登记，对不符合登记条件的登记申请予以登记；

（二）擅自复制、篡改、毁损、伪造不动产登记簿；

（三）泄露不动产登记资料、登记信息；

（四）无正当理由拒绝申请人查询、复制登记资料；

（五）强制要求权利人更换新的权属证书。

第一百零四条　当事人违反本实施细则规定，有下列行为之一，构成违反治安管理行为的，依法给予治安管理处罚；给他人造成损失的，依法承担赔偿责任；构成犯罪的，依法追究刑事责任：

（一）采用提供虚假材料等欺骗手段申请登记；

（二）采用欺骗手段申请查询、复制登记资料；

（三）违反国家规定，泄露不动产登记资料、登记信息；

（四）查询人遗失、拆散、调换、抽取、污损登记资料的；

（五）擅自将不动产登记资料带离查询场所、损坏查询设备的。

第八章 附 则

第一百零五条 本实施细则施行前,依法核发的各类不动产权属证书继续有效。不动产权利未发生变更、转移的,不动产登记机构不得强制要求不动产权利人更换不动产权属证书。

不动产登记过渡期内,农业部会同自然资源部等部门负责指导农村土地承包经营权的统一登记工作,按照农业部有关规定办理耕地的土地承包经营权登记。不动产登记过渡期后,由自然资源部负责指导农村土地承包经营权登记工作。

第一百零六条 不动产信托依法需要登记的,由自然资源部会同有关部门另行规定。

第一百零七条 军队不动产登记,其申请材料经军队不动产主管部门审核后,按照本实施细则规定办理。

第一百零八条 自然资源部委托北京市规划和自然资源委员会直接办理在京中央国家机关的不动产登记。

在京中央国家机关申请不动产登记时,应当提交《不动产登记暂行条例》及本实施细则规定的材料和有关机关事务管理局出具的不动产登记审核意见。不动产权属资料不齐全的,还应当提交由有关机关事务管理局确认盖章的不动产权属来源说明函。不动产权籍调查由有关机关事务管理局会同北京市规划和自然资源委员会组织进行的,还应当提交申请登记不动产单元的不动产权籍调查资料。

北京市规划和自然资源委员会办理在京中央国家机关不动产登记时,应当使用自然资源部制发的"自然资源部不动产登记专用章"。

第一百零九条 本实施细则自公布之日起施行。

农村土地承包合同管理办法

(2023年2月17日农业农村部令第1号公布
自2023年5月1日起施行)

第一章 总 则

第一条 为了规范农村土地承包合同的管理,维护承包合同当事人的合法权益,维护农村社会和谐稳定,根据《中华人民共和国农村土地承包法》等法律及有关规定,制定本办法。

第二条 农村土地承包经营应当巩固和完善以家庭承包经营为基础、统分结合的双层经营体制,保持农村土地承包关系稳定并长久不变。农村土地承包经营,不得改变土地的所有权性质。

第三条 农村土地承包经营应当依法签订承包合同。土地承包经营权自承包合同生效时设立。

承包合同订立、变更和终止的,应当开展土地承包经营权调查。

第四条 农村土地承包合同管理应当遵守法律、法规,保护土地资源的合理开发和可持续利用,依法落实耕地利用优先序。发包方和承包方应当依法履行保护农村土地的义务。

第五条 农村土地承包合同管理应当充分维护农民的财产权益,任何组织和个人不得剥夺和非法限制农村集体经济组织成员承包土地的权利。妇女与男子享有平等的承包农村土地的权利。

承包方承包土地后,享有土地承包经营权,可以自己经营,也可以保留土地承包权,流转其承包地的土地经营权,由他人经营。

第六条　农业农村部负责全国农村土地承包合同管理的指导。

县级以上地方人民政府农业农村主管（农村经营管理）部门负责本行政区域内农村土地承包合同管理。

乡（镇）人民政府负责本行政区域内农村土地承包合同管理。

第二章　承包方案

第七条　本集体经济组织成员的村民会议依法选举产生的承包工作小组，应当依照法律、法规的规定拟订承包方案，并在本集体经济组织范围内公示不少于十五日。

承包方案应当依法经本集体经济组织成员的村民会议三分之二以上成员或者三分之二以上村民代表的同意。

承包方案由承包工作小组公开组织实施。

第八条　承包方案应当符合下列要求：

（一）内容合法；

（二）程序规范；

（三）保障农村集体经济组织成员合法权益；

（四）不得违法收回、调整承包地；

（五）法律、法规和规章规定的其他要求。

第九条　县级以上地方人民政府农业农村主管（农村经营管理）部门、乡（镇）人民政府农村土地承包管理部门应当指导制定承包方案，并对承包方案的实施进行监督，发现问题的，应当及时予以纠正。

第三章　承包合同的订立、变更和终止

第十条　承包合同应当符合下列要求：

（一）文本规范；

（二）内容合法；

（三）双方当事人签名、盖章或者按指印；

（四）法律、法规和规章规定的其他要求。

县级以上地方人民政府农业农村主管（农村经营管理）部门、乡（镇）人民政府农村土地承包管理部门应当依法指导发包方和承包方订立、变更或者终止承包合同，并对承包合同实施监督，发现不符合前款要求的，应当及时通知发包方更正。

第十一条　发包方和承包方应当采取书面形式签订承包合同。

承包合同一般包括以下条款：

（一）发包方、承包方的名称，发包方负责人和承包方代表的姓名、住所；

（二）承包土地的名称、坐落、面积、质量等级；

（三）承包方家庭成员信息；

（四）承包期限和起止日期；

（五）承包土地的用途；

（六）发包方和承包方的权利和义务；

（七）违约责任。

承包合同示范文本由农业农村部制定。

第十二条　承包合同自双方当事人签名、盖章或者按指印时成立。

第十三条　承包期内，出现下列情形之一的，承包合同变更：

（一）承包方依法分立或者合并的；

（二）发包方依法调整承包地的；

（三）承包方自愿交回部分承包地的；

（四）土地承包经营权互换的；

（五）土地承包经营权部分转让的；

（六）承包地被部分征收的；

（七）法律、法规和规章规定的其他情形。

承包合同变更的，变更后的承包期限不得超过承包期的剩余期限。

第十四条　承包期内，出现下列情形之一的，承包合同终止：

（一）承包方消亡的；

（二）承包方自愿交回全部承包地的；

（三）土地承包经营权全部转让的；

（四）承包地被全部征收的；

（五）法律、法规和规章规定的其他情形。

第十五条　承包地被征收、发包方依法调整承包地或者承包方消亡的，发包方应当变更或者终止承包合同。

除前款规定的情形外，承包合同变更、终止的，承包方向发包方提出申请，并提交以下材料：

（一）变更、终止承包合同的书面申请；

（二）原承包合同；

（三）承包方分立或者合并的协议，交回承包地的书面通知或者协议，土地承包经营权互换合同、转让合同等其他相关证明材料；

（四）具有土地承包经营权的全部家庭成员同意变更、终止承包合同的书面材料；

（五）法律、法规和规章规定的其他材料。

第十六条　省级人民政府农业农村主管部门可以根据本行政区域实际依法制定承包方分立、合并、消亡而导致承包合同变更、终止的具体规定。

第十七条　承包期内，因自然灾害严重毁损承包地等特殊情形对个别农户之间承包地需要适当调整的，发包方应当制定承包地调整方案，并应当经本集体经济组织成员的村民会议三分之二以上成员或者三分之二以上村民代表的同意。承包合同中约定不得调整的，按照其约定。

调整方案通过之日起二十个工作日内，发包方应当将调整方案报乡（镇）人民政府和县级人民政府农业农村主管（农村经营管理）部门批准。

乡（镇）人民政府应当于二十个工作日内完成调整方案的审批，并报县级人民政府农业农村主管（农村经营管理）部门；县级人民政府农业农村主管（农村经营管理）部门应当于二十个工作日内完成调整方案的审批。乡（镇）人民政府、县级人民政府农业农村主管（农村经营管理）部门对违反法律、法规和规章规定的调整方案，应当及时通知发包方予以更正，并重新申请批准。

调整方案未经乡（镇）人民政府和县级人民政府农业农村主管（农村经营管理）部门批准的，发包方不得调整承包地。

第十八条 承包方自愿将部分或者全部承包地交回发包方的，承包方与发包方在该土地上的承包关系终止，承包期内其土地承包经营权部分或者全部消灭，并不得再要求承包土地。

承包方自愿交回承包地的，应当提前半年以书面形式通知发包方。承包方对其在承包地上投入而提高土地生产能力的，有权获得相应的补偿。交回承包地的其他补偿，由发包方和承包方协商确定。

第十九条 为了方便耕种或者各自需要，承包方之间可以互换属于同一集体经济组织的不同承包地块的土地承包经营权。

土地承包经营权互换的，应当签订书面合同，并向发包方备案。

承包方提交备案的互换合同，应当符合下列要求：

（一）互换双方是属于同一集体经济组织的农户；

（二）互换后的承包期限不超过承包期的剩余期限；

（三）法律、法规和规章规定的其他事项。

互换合同备案后，互换双方应当与发包方变更承包合同。

第二十条 经承包方申请和发包方同意，承包方可以将部分或者全部土地承包经营权转让给本集体经济组织的其他农户。

承包方转让土地承包经营权的，应当以书面形式向发包方提交申请。发包方同意转让的，承包方与受让方应当签订书面合同；发包方不同意转让的，应当于七日内向承包方书面说明理由。发包方无法定理由的，不得拒绝同意承包方的转让申请。未经发包方同意的，土地承包经营权转让合同无效。

土地承包经营权转让合同，应当符合下列要求：

（一）受让方是本集体经济组织的农户；

（二）转让后的承包期限不超过承包期的剩余期限；

（三）法律、法规和规章规定的其他事项。

土地承包经营权转让后，受让方应当与发包方签订承包合同。原承包方与发包方在该土地上的承包关系终止，承包期内其土地承包经营权部分或者全部消灭，并不得再要求承包土地。

第四章　承包档案和信息管理

第二十一条 承包合同管理工作中形成的，对国家、社会和个人有保存价值的文字、图表、声像、数据等各种形式和载体的材料，应当纳入农村土地承包档案管理。

县级以上地方人民政府农业农村主管（农村经营管理）部门、乡（镇）人民政府农村土地承包管理部门应当制定工作方案、健全档案工作管理制度、落实专项经费、指定工作人员、配备必要设施设备，确保农村土地承包档案完整与安全。

发包方应当将农村土地承包档案纳入村级档案管理。

第二十二条　承包合同管理工作中产生、使用和保管的数据，包括承包地权属数据、地理信息数据和其他相关数据等，应当纳入农村土地承包数据管理。

　　县级以上地方人民政府农业农村主管（农村经营管理）部门负责本行政区域内农村土地承包数据的管理，组织开展数据采集、使用、更新、保管和保密等工作，并向上级业务主管部门提交数据。

　　鼓励县级以上地方人民政府农业农村主管（农村经营管理）部门通过数据交换接口、数据抄送等方式与相关部门和机构实现承包合同数据互通共享，并明确使用、保管和保密责任。

　　第二十三条　县级以上地方人民政府农业农村主管（农村经营管理）部门应当加强农村土地承包合同管理信息化建设，按照统一标准和技术规范建立国家、省、市、县等互联互通的农村土地承包信息应用平台。

　　第二十四条　县级以上地方人民政府农业农村主管（农村经营管理）部门、乡（镇）人民政府农村土地承包管理部门应当利用农村土地承包信息应用平台，组织开展承包合同网签。

　　第二十五条　承包方、利害关系人有权依法查询、复制农村土地承包档案和农村土地承包数据的相关资料，发包方、乡（镇）人民政府农村土地承包管理部门、县级以上地方人民政府农业农村主管（农村经营管理）部门应当依法提供。

第五章　土地承包经营权调查

　　第二十六条　土地承包经营权调查，应当查清发包方、承包方的名称，发包方负责人和承包方代表的姓名、身份证号码、住所，承包方家庭成员，承包地块的名称、坐落、面积、质量等级、土地用途等信息。

第二十七条　土地承包经营权调查应当按照农村土地承包经营权调查规程实施，一般包括准备工作、权属调查、地块测量、审核公示、勘误修正、结果确认、信息入库、成果归档等。

农村土地承包经营权调查规程由农业农村部制定。

第二十八条　土地承包经营权调查的成果，应当符合农村土地承包经营权调查规程的质量要求，并纳入农村土地承包信息应用平台统一管理。

第二十九条　县级以上地方人民政府农业农村主管（农村经营管理）部门、乡（镇）人民政府农村土地承包管理部门依法组织开展本行政区域内的土地承包经营权调查。

土地承包经营权调查可以依法聘请具有相应资质的单位开展。

第六章　法律责任

第三十条　国家机关及其工作人员利用职权干涉承包合同的订立、变更、终止，给承包方造成损失的，应当依法承担损害赔偿等责任；情节严重的，由上级机关或者所在单位给予直接责任人员处分；构成犯罪的，依法追究刑事责任。

第三十一条　土地承包经营权调查、农村土地承包档案管理、农村土地承包数据管理和使用过程中发生的违法行为，根据相关法律法规的规定予以处罚；构成犯罪的，依法追究刑事责任。

第七章　附　　则

第三十二条　本办法所称农村土地，是指除林地、草地以外的，农民集体所有和国家所有依法由农民集体使用的耕地和其他依法用于农业的土地。

本办法所称承包合同，是指在家庭承包方式中，发包方和承包方依法签订的土地承包经营权合同。

第三十三条 本办法施行以前依法签订的承包合同继续有效。

第三十四条 本办法自 2023 年 5 月 1 日起施行。农业部 2003 年 11 月 14 日发布的《中华人民共和国农村土地承包经营权证管理办法》（农业部令第 33 号）同时废止。

二、流转管理

农村土地经营权流转管理办法

（2021年1月26日农业农村部令2021年第1号公布
自2021年3月1日起施行）

第一章 总 则

第一条 为了规范农村土地经营权（以下简称土地经营权）流转行为，保障流转当事人合法权益，加快农业农村现代化，维护农村社会和谐稳定，根据《中华人民共和国农村土地承包法》等法律及有关规定，制定本办法。

第二条 土地经营权流转应当坚持农村土地农民集体所有、农户家庭承包经营的基本制度，保持农村土地承包关系稳定并长久不变，遵循依法、自愿、有偿原则，任何组织和个人不得强迫或者阻碍承包方流转土地经营权。

第三条 土地经营权流转不得损害农村集体经济组织和利害关系人的合法权益，不得破坏农业综合生产能力和农业生态环境，不得改变承包土地的所有权性质及其农业用途，确保农地农用，优先用于粮食生产，制止耕地"非农化"、防止耕地"非粮化"。

第四条 土地经营权流转应当因地制宜、循序渐进，把握好流转、集中、规模经营的度，流转规模应当与城镇化进程和农村劳动力转移规模相适应，与农业科技进步和生产手段改进程度相适应，与农业社会化服务水平提高相适应，鼓励各地建立多种形式的土地经营权流转风险防范和保障机制。

第五条　农业农村部负责全国土地经营权流转及流转合同管理的指导。

县级以上地方人民政府农业农村主管（农村经营管理）部门依照职责，负责本行政区域内土地经营权流转及流转合同管理。

乡（镇）人民政府负责本行政区域内土地经营权流转及流转合同管理。

第二章　流转当事人

第六条　承包方在承包期限内有权依法自主决定土地经营权是否流转，以及流转对象、方式、期限等。

第七条　土地经营权流转收益归承包方所有，任何组织和个人不得擅自截留、扣缴。

第八条　承包方自愿委托发包方、中介组织或者他人流转其土地经营权的，应当由承包方出具流转委托书。委托书应当载明委托的事项、权限和期限等，并由委托人和受托人签字或者盖章。

没有承包方的书面委托，任何组织和个人无权以任何方式决定流转承包方的土地经营权。

第九条　土地经营权流转的受让方应当为具有农业经营能力或者资质的组织和个人。在同等条件下，本集体经济组织成员享有优先权。

第十条　土地经营权流转的方式、期限、价款和具体条件，由流转双方平等协商确定。流转期限届满后，受让方享有以同等条件优先续约的权利。

第十一条　受让方应当依照有关法律法规保护土地，禁止改变土地的农业用途。禁止闲置、荒芜耕地，禁止占用耕地建窑、建坟或者擅自在耕地上建房、挖砂、采石、采矿、取土等。禁止占用永久基本农田发展林果业和挖塘养鱼。

第十二条 受让方将流转取得的土地经营权再流转以及向金融机构融资担保的，应当事先取得承包方书面同意，并向发包方备案。

第十三条 经承包方同意，受让方依法投资改良土壤，建设农业生产附属、配套设施，及农业生产中直接用于作物种植和畜禽水产养殖设施的，土地经营权流转合同到期或者未到期由承包方依法提前收回承包土地时，受让方有权获得合理补偿。具体补偿办法可在土地经营权流转合同中约定或者由双方协商确定。

第三章 流转方式

第十四条 承包方可以采取出租（转包）、入股或者其他符合有关法律和国家政策规定的方式流转土地经营权。

出租（转包），是指承包方将部分或者全部土地经营权，租赁给他人从事农业生产经营。

入股，是指承包方将部分或者全部土地经营权作价出资，成为公司、合作经济组织等股东或者成员，并用于农业生产经营。

第十五条 承包方依法采取出租（转包）、入股或者其他方式将土地经营权部分或者全部流转的，承包方与发包方的承包关系不变，双方享有的权利和承担的义务不变。

第十六条 承包方自愿将土地经营权入股公司发展农业产业化经营的，可以采取优先股等方式降低承包方风险。公司解散时入股土地应当退回原承包方。

第四章 流转合同

第十七条 承包方流转土地经营权，应当与受让方在协商一致的基础上签订书面流转合同,并向发包方备案。

承包方将土地交由他人代耕不超过一年的,可以不签订书面合同。

第十八条 承包方委托发包方、中介组织或者他人流转土地经营权的,流转合同应当由承包方或者其书面委托的受托人签订。

第十九条 土地经营权流转合同一般包括以下内容:

(一)双方当事人的姓名或者名称、住所、联系方式等;

(二)流转土地的名称、四至、面积、质量等级、土地类型、地块代码等;

(三)流转的期限和起止日期;

(四)流转方式;

(五)流转土地的用途;

(六)双方当事人的权利和义务;

(七)流转价款或者股份分红,以及支付方式和支付时间;

(八)合同到期后地上附着物及相关设施的处理;

(九)土地被依法征收、征用、占用时有关补偿费的归属;

(十)违约责任。

土地经营权流转合同示范文本由农业农村部制定。

第二十条 承包方不得单方解除土地经营权流转合同,但受让方有下列情形之一的除外:

(一)擅自改变土地的农业用途;

(二)弃耕抛荒连续两年以上;

(三)给土地造成严重损害或者严重破坏土地生态环境;

(四)其他严重违约行为。

有以上情形,承包方在合理期限内不解除土地经营权流转合同的,发包方有权要求终止土地经营权流转合同。

受让方对土地和土地生态环境造成的损害应当依法予以赔偿。

第五章 流转管理

第二十一条 发包方对承包方流转土地经营权、受让方再流转土地经营权以及承包方、受让方利用土地经营权融资担保的,应当办理备案,并报告乡(镇)人民政府农村土地承包管理部门。

第二十二条 乡(镇)人民政府农村土地承包管理部门应当向达成流转意向的双方提供统一文本格式的流转合同,并指导签订。流转合同中有违反法律法规的,应当及时予以纠正。

第二十三条 乡(镇)人民政府农村土地承包管理部门应当建立土地经营权流转台账,及时准确记载流转情况。

第二十四条 乡(镇)人民政府农村土地承包管理部门应当对土地经营权流转有关文件、资料及流转合同等进行归档并妥善保管。

第二十五条 鼓励各地建立土地经营权流转市场或者农村产权交易市场。县级以上地方人民政府农业农村主管(农村经营管理)部门应当加强业务指导,督促其建立健全运行规则,规范开展土地经营权流转政策咨询、信息发布、合同签订、交易鉴证、权益评估、融资担保、档案管理等服务。

第二十六条 县级以上地方人民政府农业农村主管(农村经营管理)部门应当按照统一标准和技术规范建立国家、省、市、县等互联互通的农村土地承包信息应用平台,健全土地经营权流转合同网签制度,提升土地经营权流转规范化、信息化管理水平。

第二十七条 县级以上地方人民政府农业农村主管(农村经营管理)部门应当加强对乡(镇)人民政府农村土地承包管理部门工作的指导。乡(镇)人民政府农村土地承包管理部门应当依法开展土地经营权流转的指导和管理工作。

第二十八条 县级以上地方人民政府农业农村主管（农村经营管理）部门应当加强服务，鼓励受让方发展粮食生产；鼓励和引导工商企业等社会资本（包括法人、非法人组织或者自然人等）发展适合企业化经营的现代种养业。

县级以上地方人民政府农业农村主管（农村经营管理）部门应当根据自然经济条件、农村劳动力转移情况、农业机械化水平等因素，引导受让方发展适度规模经营，防止垒大户。

第二十九条 县级以上地方人民政府对工商企业等社会资本流转土地经营权，依法建立分级资格审查和项目审核制度。审查审核的一般程序如下：

（一）受让主体与承包方就流转面积、期限、价款等进行协商并签订流转意向协议书。涉及未承包到户集体土地等集体资源的，应当按照法定程序经本集体经济组织成员的村民会议三分之二以上成员或者三分之二以上村民代表的同意，并与集体经济组织签订流转意向协议书。

（二）受让主体按照分级审查审核规定，分别向乡（镇）人民政府农村土地承包管理部门或者县级以上地方人民政府农业农村主管（农村经营管理）部门提出申请，并提交流转意向协议书、农业经营能力或者资质证明、流转项目规划等相关材料。

（三）县级以上地方人民政府或者乡（镇）人民政府应当依法组织相关职能部门、农村集体经济组织代表、农民代表、专家等就土地用途、受让主体农业经营能力，以及经营项目是否符合粮食生产等产业规划等进行审查审核，并于受理之日起 20 个工作日内作出审查审核意见。

（四）审查审核通过的，受让主体与承包方签订土地经营权流转合同。未按规定提交审查审核申请或者审查审核未通过的，不得开展土地经营权流转活动。

第三十条　县级以上地方人民政府依法建立工商企业等社会资本通过流转取得土地经营权的风险防范制度,加强事中事后监管,及时查处纠正违法违规行为。

鼓励承包方和受让方在土地经营权流转市场或者农村产权交易市场公开交易。

对整村(组)土地经营权流转面积较大、涉及农户较多、经营风险较高的项目,流转双方可以协商设立风险保障金。

鼓励保险机构为土地经营权流转提供流转履约保证保险等多种形式保险服务。

第三十一条　农村集体经济组织为工商企业等社会资本流转土地经营权提供服务的,可以收取适量管理费用。收取管理费用的金额和方式应当由农村集体经济组织、承包方和工商企业等社会资本三方协商确定。管理费用应当纳入农村集体经济组织会计核算和财务管理,主要用于农田基本建设或者其他公益性支出。

第三十二条　县级以上地方人民政府可以根据本办法,结合本行政区域实际,制定工商企业等社会资本通过流转取得土地经营权的资格审查、项目审核和风险防范实施细则。

第三十三条　土地经营权流转发生争议或者纠纷的,当事人可以协商解决,也可以请求村民委员会、乡(镇)人民政府等进行调解。

当事人不愿意协商、调解或者协商、调解不成的,可以向农村土地承包仲裁机构申请仲裁,也可以直接向人民法院提起诉讼。

第六章　附　　则

第三十四条　本办法所称农村土地,是指除林地、草地以外的,农民集体所有和国家所有依法由农民集体使用的耕地和其他用于农业的土地。

本办法所称农村土地经营权流转，是指在承包方与发包方承包关系保持不变的前提下，承包方依法在一定期限内将土地经营权部分或者全部交由他人自主开展农业生产经营的行为。

第三十五条 通过招标、拍卖和公开协商等方式承包荒山、荒沟、荒丘、荒滩等农村土地，经依法登记取得权属证书的，可以流转土地经营权，其流转管理参照本办法执行。

第三十六条 本办法自2021年3月1日起施行。农业部2005年1月19日发布的《农村土地承包经营权流转管理办法》（农业部令第47号）同时废止。

农村土地经营权流转交易市场运行规范（试行）

（2016年6月29日印发 农经发〔2016〕9号）

为加强对农村土地经营权流转交易市场的工作指导，依法推进土地经营权有序流转，依据《农村土地承包法》《农村土地承包经营权流转管理办法》《农村土地承包经营权证管理办法》等法律、规章及相关政策，制定本规范。

第一条 在农村土地经营权流转交易市场内，进行农村土地经营权流转交易的，适用本规范。

本规范所指农村土地经营权流转交易市场，是指为农村土地经营权依法流转交易提供服务的平台，主要包括农村土地经营权流转服务中心、农村集体资产管理交易中心、农村产权交易中心（所）等。

第二条 农村土地经营权流转交易应具备以下条件：

（一）权属清晰无争议；

（二）交易双方必须是具有完全民事权利能力和民事行为能力的自然人、法人或其他组织，且有流转交易的真实意愿；

（三）流出方必须是产权权利人，或者受产权权利人委托的组织或个人；

（四）流转交易要符合法律法规和环境保护规划、农业产业发展规划、土地利用总体规划和城乡一体化建设规划等政策规定。

第三条 农村土地经营权流转交易市场的交易品种包括：

（一）家庭承包方式取得的土地经营权；

（二）其他承包方式取得的土地经营权；

（三）集体经济组织未发包的土地经营权；

（四）其他依法可流转交易的土地经营权。

第四条 农村集体经济组织、承包农户、家庭农场、专业大户、农民专业合作社、农业企业等各类农业经营主体，以及具备农业生产经营能力的其他组织或个人均可以依法在农村土地经营权流转交易市场进行交易。

第五条 流出方在农村土地经营权流转交易市场进行交易，应提交以下材料：

（一）家庭承包方式取得的土地经营权：

1. 身份证明；

2.《农村土地承包经营权证》；

3. 农村集体经济组织或中介组织（个人）受托流转承包土地的，应当提供书面委托书；

4. 土地情况介绍书（主要包括土地位置、四至、面积、质量等级、利用现状、预期价格、流转方式、流转用途等内容）；

5. 农村土地经营权流转交易市场要求提供的其他材料。

（二）其他承包方式取得的土地经营权：

1. 身份证明；

2. 《农村土地承包经营权证》或其他权属证明材料；

3. 土地情况介绍书（主要包括土地位置、四至、面积、质量等级、利用现状、预期价格、流转方式、流转用途等内容）；

4. 农村土地经营权流转交易市场要求提供的其他材料。

（三）农村集体经济组织未发包的土地经营权：

1. 农村集体经济组织主体资格证明材料；

2. 具体承办人的身份证明；

3. 集体土地所有权权属证明材料；

4. 农村集体经济组织成员的村民会议三分之二以上成员或者三分之二以上村民代表签署同意流转土地的书面证明；

5. 土地情况介绍书（主要包括土地位置、四至、面积、质量等级、利用现状、预期价格及作价依据、流转方式、流转用途等内容）；

6. 农村土地经营权流转交易市场要求提供的其他材料。

（四）其他依法可流转交易的土地经营权参照以上情形，按照农村土地经营权流转交易市场要求提供相关材料。

第六条 流入方在农村土地经营权流转交易市场进行交易，应提交以下材料：

（一）身份证明等主体资格证明材料；

（二）流入申请（主要包括流入土地的用途、面积、期限等内容）；

（三）流入土地超过当地规定标准的，需提供农业经营能力等证明，项目可行性报告，以及有权批准机构准予流转交易的证明；

（四）农村土地经营权流转交易市场要求提供的其他材料。

第七条　交易双方应当对所提交材料的真实性、完整性、合法性、有效性负责。

第八条　流出方和流入方与农村土地经营权流转交易市场签署流转交易服务协议，明确农村土地经营权流转交易市场提供的服务内容及协议双方的权利、义务。

第九条　农村土地经营权流转交易市场公开发布供求信息。信息主要包括以下内容：

（一）流转土地的基本情况（主要包括土地位置、四至、面积、质量等级、利用现状、预期价格、流转方式、流转用途等内容）；

（二）流出方或流入方的基本情况和相关条件；

（三）需要公布的其他事项。

第十条　土地经营权流转信息的发布公示期限不少于10个工作日。同一宗土地的经营权再次流转交易须设定间隔期限。在公示期限内，如出现重大变化，应及时发布变更信息，并重新计算公示期限。公示期结束后，农村土地经营权流转市场组织交易。

第十一条　土地经营权流出方或流入方可以委托具有资质的评估机构对土地经营权流转交易价格进行评估。

第十二条　集体经济组织未发包的土地经营权流转交易底价应当由农民集体民主协商决定。

第十三条　交易双方应参照土地经营权流转交易合同示范文本订立合同，主要包括以下内容：

（一）双方的基本信息；

（二）流转土地的四至、坐落、面积、质量等级；

（三）流转的期限和起止日期；

（四）流转土地的用途；

（五）流转价款及支付方式；

（六）合同到期后地上附着物及相关设施的处理；

（七）双方的权利和义务；

（八）双方的违约责任、争议解决方式、合同变更和解除的条件；

（九）双方认为需要约定的其他事项。

第十四条 流转交易合同到期后，流入方在同等条件下可优先续约。

第十五条 按照农村土地经营权流转交易市场的相关要求，流转交易双方签订合同后，可以获得农村土地经营权流转交易市场提供的流转交易鉴证。

第十六条 农村土地经营权流转交易鉴证应载明如下事项：

（一）项目编号；

（二）签约日期；

（三）流出方及委托人全称；

（四）流入方及委托人全称；

（五）合同期限和起止日期；

（六）成交金额；

（七）支付方式；

（八）其他事项。

第十七条 交易过程中，交易双方合同签订前，有以下情形之一的，经流出方、流入方或者第三方提出申请，农村土地经营权流转交易市场确认后，可以中止交易：

（一）农村土地经营权存在权属争议且尚未解决的；

（二）因不可抗力致使交易活动不能按约定的期限和程序进行的；

（三）其他情况导致交易中止的。

第十八条 交易过程中，交易双方合同签订前，有以下情形之一的，农村土地经营权流转交易市场可以终止交易：

（一）中止交易后未能消除影响交易中止的因素导致交易无法继续进行的；

（二）人民法院、仲裁机构等单位依法发出终止交易书面通知的；

（三）其他需要终止交易的。

第十九条 经有权机关授权，农村土地经营权流转交易市场可以开展土地经营权抵押登记。

第二十条 土地经营权抵押人向农村土地经营权流转交易市场提出抵押登记申请的，应提供以下材料：

（一）农村土地经营权抵押申请；

（二）抵押登记申请人身份证明，法人和其他组织还需提供统一社会信用代码、工商营业执照副本或其他证明材料；

（三）相关方同意土地经营权用于抵押和合法再流转的证明；

（四）土地经营权权属证明材料或土地经营权流转交易鉴证；

（五）农村土地经营权流转交易市场要求提供的其他材料。

第二十一条 农村土地经营权流转交易市场应当将交易过程中形成的文字、图片等相关资料妥善保存，建立健全档案管理制度。

第二十二条 相关权利人可以获得档案信息查询服务，农村土地经营权流转交易市场在提供档案查询服务时，不得损害国家安全和利益，不得损害社会和其他组织的利益，不得侵犯他人合法权益。

第二十三条 农村土地经营权流转交易市场应交易双方要求，

可以组织提供法律咨询、资产评估、会计审计、项目策划、金融保险等服务。提供有关服务的收费标准,根据相关规定由当地物价部门核定并予以公示。

第二十四条 农村土地经营权流转交易市场应当制定工作规程和采取必要措施,保障农村土地经营权流转交易公开、公正、规范运行,自觉接受社会公众监督和依法接受有关部门管理。

第二十五条 农村土地经营权流转交易发生争议或者纠纷,相关权利人可以依法申请调解、仲裁或提起诉讼。

三、纠纷解决

中华人民共和国农村土地承包经营纠纷调解仲裁法

（2009年6月27日第十一届全国人民代表大会常务委员会第九次会议通过 2009年6月27日中华人民共和国主席令第14号公布 自2010年1月1日起施行）

第一章 总 则

第一条 【立法目的】为了公正、及时解决农村土地承包经营纠纷，维护当事人的合法权益，促进农村经济发展和社会稳定，制定本法。

第二条 【适用范围】农村土地承包经营纠纷调解和仲裁，适用本法。

农村土地承包经营纠纷包括：

（一）因订立、履行、变更、解除和终止农村土地承包合同发生的纠纷；

（二）因农村土地承包经营权转包、出租、互换、转让、入股等流转发生的纠纷；

（三）因收回、调整承包地发生的纠纷；

（四）因确认农村土地承包经营权发生的纠纷；

（五）因侵害农村土地承包经营权发生的纠纷；

（六）法律、法规规定的其他农村土地承包经营纠纷。

因征收集体所有的土地及其补偿发生的纠纷，不属于农村土地承包仲裁委员会的受理范围，可以通过行政复议或者诉讼等方式解决。

第三条　【和解与调解】发生农村土地承包经营纠纷的，当事人可以自行和解，也可以请求村民委员会、乡（镇）人民政府等调解。

第四条　【申请仲裁与起诉】当事人和解、调解不成或者不愿和解、调解的，可以向农村土地承包仲裁委员会申请仲裁，也可以直接向人民法院起诉。

第五条　【调解、仲裁的原则】农村土地承包经营纠纷调解和仲裁，应当公开、公平、公正，便民高效，根据事实，符合法律，尊重社会公德。

第六条　【县级以上人民政府加强对调解、仲裁的指导】县级以上人民政府应当加强对农村土地承包经营纠纷调解和仲裁工作的指导。

县级以上人民政府农村土地承包管理部门及其他有关部门应当依照职责分工，支持有关调解组织和农村土地承包仲裁委员会依法开展工作。

第二章　调　　解

第七条　【村民委员会、乡镇人民政府应加强调解工作】村民委员会、乡（镇）人民政府应当加强农村土地承包经营纠纷的调解工作，帮助当事人达成协议解决纠纷。

第八条　【调解可以书面申请，也可以口头申请】当事人申请农村土地承包经营纠纷调解可以书面申请，也可以口头申请。口头申请的，由村民委员会或者乡（镇）人民政府当场记录申请人的基本情况、申请调解的纠纷事项、理由和时间。

第九条 【调解时,充分听取当事人陈述、讲解法律、政策】 调解农村土地承包经营纠纷,村民委员会或者乡(镇)人民政府应当充分听取当事人对事实和理由的陈述,讲解有关法律以及国家政策,耐心疏导,帮助当事人达成协议。

第十条 【达成协议的,制作调解协议书】 经调解达成协议的,村民委员会或者乡(镇)人民政府应当制作调解协议书。

调解协议书由双方当事人签名、盖章或者按指印,经调解人员签名并加盖调解组织印章后生效。

第十一条 【仲裁庭应当进行调解】 仲裁庭对农村土地承包经营纠纷应当进行调解。调解达成协议的,仲裁庭应当制作调解书;调解不成的,应当及时作出裁决。

调解书应当写明仲裁请求和当事人协议的结果。调解书由仲裁员签名,加盖农村土地承包仲裁委员会印章,送达双方当事人。

调解书经双方当事人签收后,即发生法律效力。在调解书签收前当事人反悔的,仲裁庭应当及时作出裁决。

第三章 仲 裁

第一节 仲裁委员会和仲裁员

第十二条 【仲裁委员会的设立】 农村土地承包仲裁委员会,根据解决农村土地承包经营纠纷的实际需要设立。农村土地承包仲裁委员会可以在县和不设区的市设立,也可以在设区的市或者其市辖区设立。

农村土地承包仲裁委员会在当地人民政府指导下设立。设立农村土地承包仲裁委员会的,其日常工作由当地农村土地承包管理部门承担。

第十三条 【仲裁委员会的组成】 农村土地承包仲裁委员会由

当地人民政府及其有关部门代表、有关人民团体代表、农村集体经济组织代表、农民代表和法律、经济等相关专业人员兼任组成，其中农民代表和法律、经济等相关专业人员不得少于组成人员的二分之一。

农村土地承包仲裁委员会设主任一人、副主任一至二人和委员若干人。主任、副主任由全体组成人员选举产生。

第十四条　【仲裁委员会的职责】农村土地承包仲裁委员会依法履行下列职责：

（一）聘任、解聘仲裁员；

（二）受理仲裁申请；

（三）监督仲裁活动。

农村土地承包仲裁委员会应当依照本法制定章程，对其组成人员的产生方式及任期、议事规则等作出规定。

第十五条　【仲裁员应具备的条件】农村土地承包仲裁委员会应当从公道正派的人员中聘任仲裁员。

仲裁员应当符合下列条件之一：

（一）从事农村土地承包管理工作满五年；

（二）从事法律工作或者人民调解工作满五年；

（三）在当地威信较高，并熟悉农村土地承包法律以及国家政策的居民。

第十六条　【仲裁员的培训】农村土地承包仲裁委员会应当对仲裁员进行农村土地承包法律以及国家政策的培训。

省、自治区、直辖市人民政府农村土地承包管理部门应当制定仲裁员培训计划，加强对仲裁员培训工作的组织和指导。

第十七条　【仲裁员渎职行为的处理】农村土地承包仲裁委员会组成人员、仲裁员应当依法履行职责，遵守农村土地承包仲裁委员会章程和仲裁规则,不得索贿受贿、徇私舞弊,不得侵害当事人的合法权益。

仲裁员有索贿受贿、徇私舞弊、枉法裁决以及接受当事人请客送礼等违法违纪行为的,农村土地承包仲裁委员会应当将其除名;构成犯罪的,依法追究刑事责任。

县级以上地方人民政府及有关部门应当受理对农村土地承包仲裁委员会组成人员、仲裁员违法违纪行为的投诉和举报,并依法组织查处。

第二节　申请和受理

第十八条　【申请仲裁的时效】农村土地承包经营纠纷申请仲裁的时效期间为二年,自当事人知道或者应当知道其权利被侵害之日起计算。

第十九条　【仲裁的当事人、第三人】农村土地承包经营纠纷仲裁的申请人、被申请人为当事人。家庭承包的,可以由农户代表人参加仲裁。当事人一方人数众多的,可以推选代表人参加仲裁。

与案件处理结果有利害关系的,可以申请作为第三人参加仲裁,或者由农村土地承包仲裁委员会通知其参加仲裁。

当事人、第三人可以委托代理人参加仲裁。

第二十条　【申请仲裁应具备的条件】申请农村土地承包经营纠纷仲裁应当符合下列条件:

(一)申请人与纠纷有直接的利害关系;

(二)有明确的被申请人;

(三)有具体的仲裁请求和事实、理由;

(四)属于农村土地承包仲裁委员会的受理范围。

第二十一条 【申请仲裁应当提出仲裁申请书；口头申请的，记入笔录】当事人申请仲裁，应当向纠纷涉及的土地所在地的农村土地承包仲裁委员会递交仲裁申请书。仲裁申请书可以邮寄或者委托他人代交。仲裁申请书应当载明申请人和被申请人的基本情况，仲裁请求和所根据的事实、理由，并提供相应的证据和证据来源。

书面申请确有困难的，可以口头申请，由农村土地承包仲裁委员会记入笔录，经申请人核实后由其签名、盖章或者按指印。

第二十二条 【仲裁申请的受理与不受理】农村土地承包仲裁委员会应当对仲裁申请予以审查，认为符合本法第二十条规定的，应当受理。有下列情形之一的，不予受理；已受理的，终止仲裁程序：

（一）不符合申请条件；

（二）人民法院已受理该纠纷；

（三）法律规定该纠纷应当由其他机构处理；

（四）对该纠纷已有生效的判决、裁定、仲裁裁决、行政处理决定等。

第二十三条 【受理通知；不受理或终止仲裁的通知】农村土地承包仲裁委员会决定受理的，应当自收到仲裁申请之日起五个工作日内，将受理通知书、仲裁规则和仲裁员名册送达申请人；决定不予受理或者终止仲裁程序的，应当自收到仲裁申请或者发现终止仲裁程序情形之日起五个工作日内书面通知申请人，并说明理由。

第二十四条 【向被申请人送达受理通知书、仲裁申请书、副本、仲裁规则、仲裁员名册】农村土地承包仲裁委员会应当自受理仲裁申请之日起五个工作日内，将受理通知书、仲裁申请书副本、仲裁规则和仲裁员名册送达被申请人。

第二十五条 【被申请人答辩书副本送达申请人】被申请人应

当自收到仲裁申请书副本之日起十日内向农村土地承包仲裁委员会提交答辩书；书面答辩确有困难的，可以口头答辩，由农村土地承包仲裁委员会记入笔录，经被申请人核实后由其签名、盖章或者按指印。农村土地承包仲裁委员会应当自收到答辩书之日起五个工作日内将答辩书副本送达申请人。被申请人未答辩的，不影响仲裁程序的进行。

第二十六条 【财产保全】一方当事人因另一方当事人的行为或者其他原因，可能使裁决不能执行或者难以执行的，可以申请财产保全。

当事人申请财产保全的，农村土地承包仲裁委员会应当将当事人的申请提交被申请人住所地或者财产所在地的基层人民法院。

申请有错误的，申请人应当赔偿被申请人因财产保全所遭受的损失。

第三节 仲裁庭的组成

第二十七条 【仲裁庭组成】仲裁庭由三名仲裁员组成，首席仲裁员由当事人共同选定，其他二名仲裁员由当事人各自选定；当事人不能选定的，由农村土地承包仲裁委员会主任指定。

事实清楚、权利义务关系明确、争议不大的农村土地承包经营纠纷，经双方当事人同意，可以由一名仲裁员仲裁。仲裁员由当事人共同选定或者由农村土地承包仲裁委员会主任指定。

农村土地承包仲裁委员会应当自仲裁庭组成之日起二个工作日内将仲裁庭组成情况通知当事人。

第二十八条 【仲裁员的回避】仲裁员有下列情形之一的，必须回避，当事人也有权以口头或者书面方式申请其回避：

（一）是本案当事人或者当事人、代理人的近亲属；

（二）与本案有利害关系；

（三）与本案当事人、代理人有其他关系，可能影响公正仲裁；

（四）私自会见当事人、代理人，或者接受当事人、代理人的请客送礼。

当事人提出回避申请，应当说明理由，在首次开庭前提出。回避事由在首次开庭后知道的，可以在最后一次开庭终结前提出。

第二十九条　【仲裁委员会对回避的决定】农村土地承包仲裁委员会对回避申请应当及时作出决定，以口头或者书面方式通知当事人，并说明理由。

仲裁员是否回避，由农村土地承包仲裁委员会主任决定；农村土地承包仲裁委员会主任担任仲裁员时，由农村土地承包仲裁委员会集体决定。

仲裁员因回避或者其他原因不能履行职责的，应当依照本法规定重新选定或者指定仲裁员。

第四节　开庭和裁决

第三十条　【开庭】农村土地承包经营纠纷仲裁应当开庭进行。

开庭可以在纠纷涉及的土地所在地的乡（镇）或者村进行，也可以在农村土地承包仲裁委员会所在地进行。当事人双方要求在乡（镇）或者村开庭的，应当在该乡（镇）或者村开庭。

开庭应当公开，但涉及国家秘密、商业秘密和个人隐私以及当事人约定不公开的除外。

第三十一条　【开庭时间、地点的通知】仲裁庭应当在开庭五个工作日前将开庭的时间、地点通知当事人和其他仲裁参与人。

当事人有正当理由的，可以向仲裁庭请求变更开庭的时间、地点。是否变更，由仲裁庭决定。

第三十二条 【自行和解】当事人申请仲裁后,可以自行和解。达成和解协议的,可以请求仲裁庭根据和解协议作出裁决书,也可以撤回仲裁申请。

第三十三条 【仲裁请求的放弃和变更】申请人可以放弃或者变更仲裁请求。被申请人可以承认或者反驳仲裁请求,有权提出反请求。

第三十四条 【终止仲裁】仲裁庭作出裁决前,申请人撤回仲裁申请的,除被申请人提出反请求的外,仲裁庭应当终止仲裁。

第三十五条 【撤回仲裁申请,缺席裁决】申请人经书面通知,无正当理由不到庭或者未经仲裁庭许可中途退庭的,可以视为撤回仲裁申请。

被申请人经书面通知,无正当理由不到庭或者未经仲裁庭许可中途退庭的,可以缺席裁决。

第三十六条 【当事人在开庭中的权利】当事人在开庭过程中有权发表意见、陈述事实和理由、提供证据、进行质证和辩论。对不通晓当地通用语言文字的当事人,农村土地承包仲裁委员会应当为其提供翻译。

第三十七条 【谁主张,谁举证】当事人应当对自己的主张提供证据。与纠纷有关的证据由作为当事人一方的发包方等掌握管理的,该当事人应当在仲裁庭指定的期限内提供,逾期不提供的,应当承担不利后果。

第三十八条 【仲裁庭收集证据】仲裁庭认为有必要收集的证据,可以自行收集。

第三十九条 【鉴定】仲裁庭对专门性问题认为需要鉴定的,可以交由当事人约定的鉴定机构鉴定;当事人没有约定的,由仲裁庭指定的鉴定机构鉴定。

根据当事人的请求或者仲裁庭的要求，鉴定机构应当派鉴定人参加开庭。当事人经仲裁庭许可，可以向鉴定人提问。

第四十条 【证据应当当庭出示】证据应当在开庭时出示，但涉及国家秘密、商业秘密和个人隐私的证据不得在公开开庭时出示。

仲裁庭应当依照仲裁规则的规定开庭，给予双方当事人平等陈述、辩论的机会，并组织当事人进行质证。

经仲裁庭查证属实的证据，应当作为认定事实的根据。

第四十一条 【证据保全】在证据可能灭失或者以后难以取得的情况下，当事人可以申请证据保全。当事人申请证据保全的，农村土地承包仲裁委员会应当将当事人的申请提交证据所在地的基层人民法院。

第四十二条 【先行裁定】对权利义务关系明确的纠纷，经当事人申请，仲裁庭可以先行裁定维持现状、恢复农业生产以及停止取土、占地等行为。

一方当事人不履行先行裁定的，另一方当事人可以向人民法院申请执行，但应当提供相应的担保。

第四十三条 【笔录】仲裁庭应当将开庭情况记入笔录，由仲裁员、记录人员、当事人和其他仲裁参与人签名、盖章或者按指印。

当事人和其他仲裁参与人认为对自己陈述的记录有遗漏或者差错的，有权申请补正。如果不予补正，应当记录该申请。

第四十四条 【裁决书的制作】仲裁庭应当根据认定的事实和法律以及国家政策作出裁决并制作裁决书。

裁决应当按照多数仲裁员的意见作出，少数仲裁员的不同意见可以记入笔录。仲裁庭不能形成多数意见时，裁决应当按照首席仲裁员的意见作出。

第四十五条 【裁决书的内容、送达】裁决书应当写明仲裁请求、争议事实、裁决理由、裁决结果、裁决日期以及当事人不服仲裁裁决的起诉权利、期限，由仲裁员签名，加盖农村土地承包仲裁委员会印章。

农村土地承包仲裁委员会应当在裁决作出之日起三个工作日内将裁决书送达当事人，并告知当事人不服仲裁裁决的起诉权利、期限。

第四十六条 【仲裁庭独立履行职责】仲裁庭依法独立履行职责，不受行政机关、社会团体和个人的干涉。

第四十七条 【仲裁期限】仲裁农村土地承包经营纠纷，应当自受理仲裁申请之日起六十日内结束；案情复杂需要延长的，经农村土地承包仲裁委员会主任批准可以延长，并书面通知当事人，但延长期限不得超过三十日。

第四十八条 【不服仲裁，可向法院起诉】当事人不服仲裁裁决的，可以自收到裁决书之日起三十日内向人民法院起诉。逾期不起诉的，裁决书即发生法律效力。

第四十九条 【申请执行】当事人对发生法律效力的调解书、裁决书，应当依照规定的期限履行。一方当事人逾期不履行的，另一方当事人可以向被申请人住所地或者财产所在地的基层人民法院申请执行。受理申请的人民法院应当依法执行。

第四章 附 则

第五十条 【农村土地定义】本法所称农村土地，是指农民集体所有和国家所有依法由农民集体使用的耕地、林地、草地，以及其他依法用于农业的土地。

第五十一条 【仲裁规则、仲裁委员会示范章程的制定】农村土地承包经营纠纷仲裁规则和农村土地承包仲裁委员会示范章程，由国务院农业、林业行政主管部门依照本法规定共同制定。

第五十二条 【仲裁不收费】农村土地承包经营纠纷仲裁不得向当事人收取费用,仲裁工作经费纳入财政预算予以保障。

第五十三条 【施行日期】本法自 2010 年 1 月 1 日起施行。

农村土地承包经营纠纷仲裁规则

(2009 年 12 月 29 日农业部、国家林业局令〔2010〕第 1 号公布 自 2010 年 1 月 1 日起施行)

第一章 总 则

第一条 为规范农村土地承包经营纠纷仲裁活动,根据《中华人民共和国农村土地承包经营纠纷调解仲裁法》,制定本规则。

第二条 农村土地承包经营纠纷仲裁适用本规则。

第三条 下列农村土地承包经营纠纷,当事人可以向农村土地承包仲裁委员会(以下简称仲裁委员会)申请仲裁:

(一)因订立、履行、变更、解除和终止农村土地承包合同发生的纠纷;

(二)因农村土地承包经营权转包、出租、互换、转让、入股等流转发生的纠纷;

(三)因收回、调整承包地发生的纠纷;

(四)因确认农村土地承包经营权发生的纠纷;

(五)因侵害农村土地承包经营权发生的纠纷;

(六)法律、法规规定的其他农村土地承包经营纠纷。

因征收集体所有的土地及其补偿发生的纠纷,不属于仲裁委员会的受理范围,可以通过行政复议或者诉讼等方式解决。

第四条 仲裁委员会依法设立,其日常工作由当地农村土地承包管理部门承担。

第五条 农村土地承包经营纠纷仲裁,应当公开、公平、公正,便民高效,注重调解,尊重事实,符合法律,遵守社会公德。

第二章　申请和受理

第六条 农村土地承包经营纠纷仲裁的申请人、被申请人为仲裁当事人。

第七条 家庭承包的,可以由农户代表人参加仲裁。农户代表人由农户成员共同推选;不能共同推选的,按下列方式确定:

(一)土地承包经营权证或者林权证等证书上记载的人;

(二)未取得土地承包经营权证或者林权证等证书的,为在承包合同上签字的人。

第八条 当事人一方为五户(人)以上的,可以推选三至五名代表人参加仲裁。

第九条 与案件处理结果有利害关系的,可以申请作为第三人参加仲裁,或者由仲裁委员会通知其参加仲裁。

第十条 当事人、第三人可以委托代理人参加仲裁。

当事人或者第三人为无民事行为能力人或者限制民事行为能力人的,由其法定代理人参加仲裁。

第十一条 当事人申请农村土地承包经营纠纷仲裁的时效期间为二年,自当事人知道或者应当知道其权利被侵害之日起计算。

仲裁时效因申请调解、申请仲裁、当事人一方提出要求或者同意履行义务而中断。从中断时起,仲裁时效重新计算。

在仲裁时效期间的最后六个月内,因不可抗力或者其他事由,当事人不能申请仲裁的，仲裁时效中止。从中止时效的原因消除之日起，仲裁时效期间继续计算。

侵害农村土地承包经营权行为持续发生的，仲裁时效从侵权行为终了时计算。

第十二条 申请农村土地承包经营纠纷仲裁，应当符合下列条件：

（一）申请人与纠纷有直接的利害关系；

（二）有明确的被申请人；

（三）有具体的仲裁请求和事实、理由；

（四）属于仲裁委员会的受理范围。

第十三条 当事人申请仲裁，应当向纠纷涉及土地所在地的仲裁委员会递交仲裁申请书。申请书可以邮寄或者委托他人代交。

书面申请有困难的，可以口头申请，由仲裁委员会记入笔录，经申请人核实后由其签名、盖章或者按指印。

仲裁委员会收到仲裁申请材料，应当出具回执。回执应当载明接收材料的名称和份数、接收日期等，并加盖仲裁委员会印章。

第十四条 仲裁申请书应当载明下列内容：

（一）申请人和被申请人的姓名、年龄、住所、邮政编码、电话或者其他通讯方式；法人或者其他组织应当写明名称、地址和法定代表人或者主要负责人的姓名、职务、通讯方式；

（二）申请人的仲裁请求；

（三）仲裁请求所依据的事实和理由；

（四）证据和证据来源、证人姓名和联系方式。

第十五条 仲裁委员会应当对仲裁申请进行审查，符合申请条件的，应当受理。

有下列情形之一的，不予受理；已受理的，终止仲裁程序：

（一）不符合申请条件；

（二）人民法院已受理该纠纷；

（三）法律规定该纠纷应当由其他机构受理；

（四）对该纠纷已有生效的判决、裁定、仲裁裁决、行政处理决定等。

第十六条　仲裁委员会决定受理仲裁申请的，应当自收到仲裁申请之日起五个工作日内，将受理通知书、仲裁规则、仲裁员名册送达申请人，将受理通知书、仲裁申请书副本、仲裁规则、仲裁员名册送达被申请人。

决定不予受理或者终止仲裁程序的，应当自收到仲裁申请或者发现终止仲裁程序情形之日起五个工作日内书面通知申请人，并说明理由。

需要通知第三人参加仲裁的，仲裁委员会应当通知第三人，并告知其权利义务。

第十七条　被申请人应当自收到仲裁申请书副本之日起十日内向仲裁委员会提交答辩书。

仲裁委员会应当自收到答辩书之日起五个工作日内将答辩书副本送达申请人。

被申请人未答辩的，不影响仲裁程序的进行。

第十八条　答辩书应当载明下列内容：

（一）答辩人姓名、年龄、住所、邮政编码、电话或者其他通讯方式；法人或者其他组织应当写明名称、地址和法定代表人或者主要负责人的姓名、职务、通讯方式；

（二）对申请人仲裁申请的答辩及所依据的事实和理由；

（三）证据和证据来源，证人姓名和联系方式。

书面答辩确有困难的，可以口头答辩，由仲裁委员会记入笔录，经被申请人核实后由其签名、盖章或者按指印。

第十九条 当事人提交仲裁申请书、答辩书、有关证据材料及其他书面文件，应当一式三份。

第二十条 因一方当事人的行为或者其他原因可能使裁决不能执行或者难以执行，另一方当事人申请财产保全的，仲裁委员会应当将当事人的申请提交被申请人住所地或者财产所在地的基层人民法院，并告知申请人因申请错误造成被申请人财产损失的，应当承担相应的赔偿责任。

第三章 仲 裁 庭

第二十一条 仲裁庭由三名仲裁员组成。

事实清楚、权利义务关系明确、争议不大的农村土地承包经营纠纷，经双方当事人同意，可以由一名仲裁员仲裁。

第二十二条 双方当事人自收到受理通知书之日起五个工作日内，从仲裁员名册中选定仲裁员。首席仲裁员由双方当事人共同选定，其他二名仲裁员由双方当事人各自选定；当事人不能选定的，由仲裁委员会主任指定。

独任仲裁员由双方当事人共同选定；当事人不能选定的，由仲裁委员会主任指定。

仲裁委员会应当自仲裁庭组成之日起二个工作日内将仲裁庭组成情况通知当事人。

第二十三条 仲裁庭组成后，首席仲裁员应当召集其他仲裁员审阅案件材料，了解纠纷的事实和情节，研究双方当事人的请求和理由，查核证据，整理争议焦点。

仲裁庭认为确有必要的，可以要求当事人在一定期限内补充证据，也可以自行调查取证。自行调查取证的，调查人员不得少于二人。

第二十四条　仲裁员有下列情形之一的，应当回避：

（一）是本案当事人或者当事人、代理人的近亲属；

（二）与本案有利害关系；

（三）与本案当事人、代理人有其他关系，可能影响公正仲裁；

（四）私自会见当事人、代理人，或者接受当事人、代理人请客送礼。

第二十五条　仲裁员有回避情形的，应当以口头或者书面方式及时向仲裁委员会提出。

当事人认为仲裁员有回避情形的，有权以口头或者书面方式向仲裁委员会申请其回避。

当事人提出回避申请，应当在首次开庭前提出，并说明理由；在首次开庭后知道回避事由的，可以在最后一次开庭终结前提出。

第二十六条　仲裁委员会应当自收到回避申请或者发现仲裁员有回避情形之日起二个工作日内作出决定，以口头或者书面方式通知当事人，并说明理由。

仲裁员是否回避，由仲裁委员会主任决定；仲裁委员会主任担任仲裁员时，由仲裁委员会集体决定主任的回避。

第二十七条　仲裁员有下列情形之一的，应当按照本规则第二十二条规定重新选定或者指定仲裁员：

（一）被决定回避的；

（二）在法律上或者事实上不能履行职责的；

（三）因被除名或者解聘丧失仲裁员资格的；

（四）因个人原因退出或者不能从事仲裁工作的；

（五）因徇私舞弊、失职渎职被仲裁委员会决定更换的。

重新选定或者指定仲裁员后，仲裁程序继续进行。当事人请求仲裁程序重新进行的，由仲裁庭决定。

第二十八条 仲裁庭应当向当事人提供必要的法律政策解释，帮助当事人自行和解。

达成和解协议的，当事人可以请求仲裁庭根据和解协议制作裁决书；当事人要求撤回仲裁申请的，仲裁庭应当终止仲裁程序。

第二十九条 仲裁庭应当在双方当事人自愿的基础上进行调解。调解达成协议的，仲裁庭应当制作调解书。

调解书应当载明双方当事人基本情况、纠纷事由、仲裁请求和协议结果，由仲裁员签名，并加盖仲裁委员会印章，送达双方当事人。

调解书经双方当事人签收即发生法律效力。

第三十条 调解不成或者当事人在调解书签收前反悔的，仲裁庭应当及时作出裁决。

当事人在调解过程中的陈述、意见、观点或者建议，仲裁庭不得作为裁决的证据或依据。

第三十一条 仲裁庭作出裁决前，申请人放弃仲裁请求并撤回仲裁申请，且被申请人没有就申请人的仲裁请求提出反请求的，仲裁庭应当终止仲裁程序。

申请人经书面通知，无正当理由不到庭或者未经仲裁庭许可中途退庭的，可以视为撤回仲裁申请。

第三十二条 被申请人就申请人的仲裁请求提出反请求的，应当说明反请求事项及其所依据的事实和理由，并附具有关证明材料。

被申请人在仲裁庭组成前提出反请求的，由仲裁委员会决定是否受理；在仲裁庭组成后提出反请求的，由仲裁庭决定是否受理。

仲裁委员会或者仲裁庭决定受理反请求的，应当自收到反请求之日起五个工作日内将反请求申请书副本送达申请人。申请人应当在收到反请求申请书副本后十个工作日内提交反请求答辩书,不答辩的不影响仲裁程序的进行。仲裁庭应当将被申请人的反请求与申请人的请求合并审理。

仲裁委员会或者仲裁庭决定不予受理反请求的,应当书面通知被申请人,并说明理由。

第三十三条 仲裁庭组成前申请人变更仲裁请求或者被申请人变更反请求的,由仲裁委员会作出是否准许的决定;仲裁庭组成后变更请求或者反请求的,由仲裁庭作出是否准许的决定。

第四章 开 庭

第三十四条 农村土地承包经营纠纷仲裁应当开庭进行。开庭应当公开,但涉及国家秘密、商业秘密和个人隐私以及当事人约定不公开的除外。

开庭可以在纠纷涉及的土地所在地的乡(镇)或者村进行,也可以在仲裁委员会所在地进行。当事人双方要求在乡(镇)或者村开庭的,应当在该乡(镇)或者村开庭。

第三十五条 仲裁庭应当在开庭五个工作日前将开庭时间、地点通知当事人、第三人和其他仲裁参与人。

当事人请求变更开庭时间和地点的,应当在开庭三个工作日前向仲裁庭提出,并说明理由。仲裁庭决定变更的,通知双方当事人、第三人和其他仲裁参与人;决定不变更的,通知提出变更请求的当事人。

第三十六条 公开开庭的,应当将开庭时间、地点等信息予以公告。

申请旁听的公民,经仲裁庭审查后可以旁听。

第三十七条 被申请人经书面通知，无正当理由不到庭或者未经仲裁庭许可中途退庭的，仲裁庭可以缺席裁决。

被申请人提出反请求，申请人经书面通知，无正当理由不到庭或者未经仲裁庭许可中途退庭的，仲裁庭可以就反请求缺席裁决。

第三十八条 开庭前，仲裁庭应当查明当事人、第三人、代理人和其他仲裁参与人是否到庭，并逐一核对身份。

开庭由首席仲裁员或者独任仲裁员宣布。首席仲裁员或者独任仲裁员应当宣布案由，宣读仲裁庭组成人员名单、仲裁庭纪律、当事人权利和义务，询问当事人是否申请仲裁员回避。

第三十九条 仲裁庭应当保障双方当事人平等陈述的机会，组织当事人、第三人、代理人陈述事实、意见、理由。

第四十条 当事人、第三人应当提供证据，对其主张加以证明。

与纠纷有关的证据由作为当事人一方的发包方等掌握管理的，该当事人应当在仲裁庭指定的期限内提供，逾期不提供的，应当承担不利后果。

第四十一条 仲裁庭自行调查收集的证据，应当在开庭时向双方当事人出示。

第四十二条 仲裁庭对专门性问题认为需要鉴定的，可以交由当事人约定的鉴定机构鉴定；当事人没有约定的，由仲裁庭指定的鉴定机构鉴定。

第四十三条 当事人申请证据保全，应当向仲裁委员会书面提出。仲裁委员会应当自收到申请之日起二个工作日内，将申请提交证据所在地的基层人民法院。

第四十四条 当事人、第三人申请证人出庭作证的，仲裁庭应当准许，并告知证人的权利义务。

证人不得旁听案件审理。

第四十五条 证据应当在开庭时出示,但涉及国家秘密、商业秘密和个人隐私的证据不得在公开开庭时出示。

仲裁庭应当组织当事人、第三人交换证据,相互质证。

经仲裁庭许可,当事人、第三人可以向证人询问,证人应当据实回答。

根据当事人的请求或者仲裁庭的要求,鉴定机构应当派鉴定人参加开庭。经仲裁庭许可,当事人可以向鉴定人提问。

第四十六条 仲裁庭应当保障双方当事人平等行使辩论权,并对争议焦点组织辩论。

辩论终结时,首席仲裁员或者独任仲裁员应当征询双方当事人、第三人的最后意见。

第四十七条 对权利义务关系明确的纠纷,当事人可以向仲裁庭书面提出先行裁定申请,请求维持现状、恢复农业生产以及停止取土、占地等破坏性行为。仲裁庭应当自收到先行裁定申请之日起二个工作日内作出决定。

仲裁庭作出先行裁定的,应当制作先行裁定书,并告知先行裁定申请人可以向人民法院申请执行,但应当提供相应的担保。

先行裁定书应当载明先行裁定申请的内容、依据事实和理由、裁定结果和日期,由仲裁员签名,加盖仲裁委员会印章。

第四十八条 仲裁庭应当将开庭情况记入笔录。笔录由仲裁员、记录人员、当事人、第三人和其他仲裁参与人签名、盖章或者按指印。

当事人、第三人和其他仲裁参与人认为对自己的陈述记录有遗漏或者差错的,有权申请补正。仲裁庭不予补正的,应当向申请人说明情况,并记录该申请。

第四十九条 发生下列情形之一的,仲裁程序中止:

（一）一方当事人死亡，需要等待继承人表明是否参加仲裁的；

（二）一方当事人丧失行为能力，尚未确定法定代理人的；

（三）作为一方当事人的法人或者其他组织终止，尚未确定权利义务承受人的；

（四）一方当事人因不可抗拒的事由，不能参加仲裁的；

（五）本案必须以另一案的审理结果为依据，而另一案尚未审结的；

（六）其他应当中止仲裁程序的情形。

在仲裁庭组成前发生仲裁中止事由的，由仲裁委员会决定是否中止仲裁；仲裁庭组成后发生仲裁中止事由的，由仲裁庭决定是否中止仲裁。决定仲裁程序中止的，应当书面通知当事人。

仲裁程序中止的原因消除后，仲裁委员会或者仲裁庭应当在三个工作日内作出恢复仲裁程序的决定，并通知当事人和第三人。

第五十条　发生下列情形之一的，仲裁程序终结：

（一）申请人死亡或者终止，没有继承人及权利义务承受人，或者继承人、权利义务承受人放弃权利的；

（二）被申请人死亡或者终止，没有可供执行的财产，也没有应当承担义务的人的；

（三）其他应当终结仲裁程序的。

终结仲裁程序的，仲裁委员会应当自发现终结仲裁程序情形之日起五个工作日内书面通知当事人、第三人，并说明理由。

第五章　裁决和送达

第五十一条　仲裁庭应当根据认定的事实和法律以及国家政策作出裁决，并制作裁决书。

首席仲裁员组织仲裁庭对案件进行评议，裁决依多数仲裁员意见作出。少数仲裁员的不同意见可以记入笔录。

仲裁庭不能形成多数意见时,应当按照首席仲裁员的意见作出裁决。

第五十二条　裁决书应当写明仲裁请求、争议事实、裁决理由和依据、裁决结果、裁决日期,以及当事人不服仲裁裁决的起诉权利和期限。

裁决书由仲裁员签名,加盖仲裁委员会印章。

第五十三条　对裁决书中的文字、计算错误,或者裁决书中有遗漏的事项,仲裁庭应当及时补正。补正构成裁决书的一部分。

第五十四条　仲裁庭应当自受理仲裁申请之日起六十日内作出仲裁裁决。受理日期以受理通知书上记载的日期为准。

案情复杂需要延长的,经仲裁委员会主任批准可以延长,但延长期限不得超过三十日。

延长期限的,应当自作出延期决定之日起三个工作日内书面通知当事人、第三人。

期限不包括仲裁程序中止、鉴定、当事人在庭外自行和解、补充申请材料和补正裁决的时间。

第五十五条　仲裁委员会应当在裁决作出之日起三个工作日内将裁决书送达当事人、第三人。

直接送达的,应当告知当事人、第三人下列事项:

(一)不服仲裁裁决的,可以在收到裁决书之日起三十日内向人民法院起诉,逾期不起诉的,裁决书即发生法律效力;

(二)一方当事人不履行生效的裁决书所确定义务的,另一方当事人可以向被申请人住所地或者财产所在地的基层人民法院申请执行。

第五十六条　仲裁文书应当直接送达当事人或者其代理人。受送达人是自然人,但本人不在场的,由其同住成年家属签收;受送达人是法人或者其他组织的,应当由法人的法定代表人、其他组织的主要负责人或者该法人、组织负责收件的人签收。

仲裁文书送达后,由受送达人在送达回证上签名、盖章或者按指印,受送达人在送达回证上的签收日期为送达日期。

受送达人或者其同住成年家属拒绝接收仲裁文书的,可以留置送达。送达人应当邀请有关基层组织或者受送达人所在单位的代表到场,说明情况,在送达回证上记明拒收理由和日期,由送达人、见证人签名、盖章或者按指印,将仲裁文书留在受送达人的住所,即视为已经送达。

直接送达有困难的,可以邮寄送达。邮寄送达的,以当事人签收日期为送达日期。

当事人下落不明,或者以前款规定的送达方式无法送达的,可以公告送达,自发出公告之日起,经过六十日,即视为已经送达。

第六章 附 则

第五十七条 独任仲裁可以适用简易程序。简易程序的仲裁规则由仲裁委员会依照本规则制定。

第五十八条 期间包括法定期间和仲裁庭指定的期间。

期间以日、月、年计算,期间开始日不计算在期间内。

期间最后一日是法定节假日的,以法定节假日后的第一个工作日为期间的最后一日。

第五十九条 对不通晓当地通用语言文字的当事人、第三人,仲裁委员会应当为其提供翻译。

第六十条 仲裁文书格式由农业部、国家林业局共同制定。

第六十一条 农村土地承包经营纠纷仲裁不得向当事人收取费

用,仲裁工作经费依法纳入财政预算予以保障。

当事人委托代理人、申请鉴定等发生的费用由当事人负担。

第六十二条 本规则自2010年1月1日起施行。

农村土地承包经营纠纷调解仲裁工作规范

(2013年1月15日农业部办公厅印发 农办经〔2013〕2号)

第一章 总 则

第一条 为加强农村土地承包经营纠纷调解仲裁工作,实现调解仲裁工作的制度化、规范化,根据《中华人民共和国农村土地承包经营纠纷调解仲裁法》、《农村土地承包经营纠纷仲裁规则》、《农村土地承包仲裁委员会示范章程》等有关规定,制定本工作规范。

第二条 以科学发展观为指导,按照完善制度、统一规范、提升能力、强化保障的原则开展农村土地承包经营纠纷调解仲裁工作。

第三条 农村土地承包仲裁委员会(以下简称仲裁委员会)开展农村土地承包经营纠纷调解仲裁工作,应当执行本规范。

第四条 仲裁委员会在当地人民政府指导下依法设立,接受县级以上人民政府及土地承包管理部门的指导和监督。仲裁委员会设立后报省(自治区、直辖市)人民政府农业、林业行政主管部门备案。

第五条 涉农县(市、区)应普遍设立仲裁委员会,负责辖区内农村土地承包经营纠纷调解仲裁工作。涉农市辖区不设立仲裁委员会的，其所在市应当设立仲裁委员会，负责辖区内农村土地承包经营纠纷调解仲裁工作。

第六条　仲裁委员会根据农村土地承包经营纠纷调解仲裁工作及仲裁员培训实际需要，编制年度财务预算，报财政部门纳入财政预算予以保障。仲裁工作经费专款专用。

仲裁委员会可接受各级政府、司法部门、人民团体等人财物的支持和帮助。

第二章　仲裁委员会设立

第七条　市、县级农村土地承包管理部门负责制定仲裁委员会设立方案，协调相关部门，依法确定仲裁委员会人员构成，报请当地人民政府批准。

第八条　市、县级农村土地承包管理部门负责草拟仲裁委员会章程，拟定聘任仲裁员名册，拟定仲裁委员会工作计划及经费预算，筹备召开仲裁委员会成立大会。

第九条　市、县级农村土地承包管理部门提议，当地人民政府牵头，组织召开仲裁委员会成立大会。仲裁委员会成立大会由全体成员参加，审议通过仲裁委员会章程、议事规则和规章制度；选举仲裁委员会主任、副主任；审议通过仲裁员名册；审议通过仲裁委员会年度工作计划；任命仲裁委员会办公室主任。

仲裁委员会每年至少召开一次全体会议。符合规定情形时，仲裁委员会主任或其委托的副主任主持召开临时会议。

第十条　仲裁委员会组成人员应不少于9人，设主任1人，副主任1至2人。

第十一条　仲裁委员会的名称，由其所在"市、县（市、区）地名+农村土地承包仲裁委员会"构成。

仲裁委员会应设在当地人民政府所在地。

第十二条 仲裁委员会应根据解决农村土地承包经营纠纷的需要和辖区乡镇数聘任仲裁员，仲裁员人数一般不少于20人。

仲裁委员会对聘任的仲裁员颁发聘书。

第十三条 乡镇人民政府应设立农村土地承包经营纠纷调解委员会，调解工作人员一般不少于3人。村（居）民委员会应明确专人负责农村土地承包经营纠纷调解工作。

第三章 仲裁委员会办公室设立

第十四条 仲裁委员会日常工作由仲裁委员会办公室（以下简称仲裁办）承担。仲裁办设在当地农村土地承包管理部门。仲裁委员会可以办理法人登记，取得法人资格。

仲裁办应设立固定办公地点、仲裁场所。仲裁办负责仲裁咨询、宣传有关法律政策，接收申请人提出的仲裁申请，协助仲裁员开庭审理、调查取证工作，负责仲裁文书送达和仲裁档案管理工作，管理仲裁工作经费等。仲裁办应当设立固定专门电话号码，并在仲裁办公告栏中予以公告。

第十五条 仲裁办工作人员应定岗定责，不少于5人。根据仲裁委员会组成人员数、聘任仲裁员数、辖区范围和纠纷受理数量，可适当增加工作人员。其中，案件接收人员2~3名，书记员1名，档案管理员1名，文书送达人员1名。

第十六条 经仲裁委员会全体会议批准后，仲裁办制作仲裁员名册，并在案件受理场所进行公示。根据仲裁委员会全体会议批准的仲裁员变动情况，仲裁办及时调整仲裁员名册和公示名单。

第十七条 仲裁委员会编制仲裁员年度培训计划、组织开展培训工作。仲裁办按照培训计划，组织仲裁员参加仲裁培训，督促仲裁员在规定时间内取得仲裁员培训合格证书。对未取得培训合格证书的仲裁员，仲裁委员会不指定其单独审理和裁决案件，不指定其担任首席仲裁员。

第十八条　仲裁办受仲裁委员会委托对仲裁员进行年度工作考核。考核范围包括仲裁员执行仲裁程序情况、办案质量等。对考核不合格的仲裁员，仲裁委员会提出限期整改意见，仲裁办跟踪整改情况。对连续二次考核不合格的仲裁员，仲裁办提出解聘建议。

对严重违法违纪的仲裁员，仲裁办应及时提出解聘或除名建议。仲裁办将解聘或除名仲裁员名单，报仲裁委员会主任审查，经仲裁委员会全体会议讨论通过，予以解聘或除名。

第四章　调解仲裁工作流程

第一节　申请与受理

第十九条　仲裁办工作人员和仲裁员应当规范运用仲裁文书。对仲裁文书实行严格登记管理。

第二十条　仲裁办工作人员在接收仲裁申请时，根据申请的内容，向申请人宣传、讲解相关的法律政策；查验"仲裁申请书"、身份证明和证据等，对其进行登记和制作证据清单、证人情况表并向申请人出具回执。对书面申请确有困难的，由申请人口述，工作人员帮助填写"口头仲裁申请书"。"口头仲裁申请书"经申请人核实后签字、盖章或者按指印，工作人员登记并出具回执。

仲裁办接收邮寄、他人代交的"仲裁申请书"，工作人员应及时对仲裁申请书及相关资料、代交人身份信息等进行登记，并向代交人出具回执。

第二十一条　仲裁办指定专人对仲裁申请材料进行初审。对仲裁申请材料不齐全的，在2个工作日内通知当事人补充齐全。

经过审核，符合受理条件的，材料审核人员在2个工作日内制作仲裁立案审批表，报仲裁委员会主任（或授权委托人）审批。批准立案的，仲裁办指定专人在5个工作日内将受理通知书、仲裁规则、仲裁员名册、选定仲裁员通知书送达申请人，将受理通知书、仲裁申请书副本、仲裁规则、仲裁员名册、选定仲裁员通知书送达被申请人。需要通知第三人参加仲裁的，在5个工作日内通知第三人并送达相关材料，告知其权利义务。

对不符合受理条件或未批准立案的，仲裁办指定专人在5个工作日内书面通知申请人，并说明理由。

第二十二条　仲裁办指定专人通知被申请人自收到仲裁申请书副本之日起10日内向仲裁办提交答辩书。仲裁办自收到答辩书之日起5个工作日内将答辩书副本送达申请人。

被申请人不答辩的，仲裁程序正常进行。被申请人书面答辩有困难的，由被申请人口述，仲裁办工作人员帮助填写"仲裁答辩书"，经被申请人核实后签名、盖章或者按指印。被申请人提交证据材料的，工作人员填写"证据材料清单"；被申请人提供证人的，工作人员填写"证人情况"表。

仲裁办接收当事人提交的仲裁申请书、答辩书、有关证据材料及其他书面文件，一式三份。

第二十三条　当事人委托代理人参加仲裁活动的，仲裁办审核当事人提交的"授权委托书"，查验委托事项和权限。受委托人为律师的，查验律师事务所出具的指派证明；受委托人为法律工作者的，查验法律工作证。

当事人更换代理人，变更或解除代理权时，应提出申请。

第二十四条　仲裁办自仲裁庭组成之日起2个工作日内将仲裁庭组成情况通知当选仲裁员和当事人、第三人。

第二节 庭前准备

第二十五条 事实清楚、权利义务关系明确、争议不大的农村土地承包经营纠纷，经双方当事人同意，可以由一名仲裁员仲裁。仲裁员由当事人共同选定或由仲裁委员会主任（委托授权人）指定。

第二十六条 仲裁办应及时将当事人提交的仲裁申请书、答辩书、证据和"证据材料清单"、"证人情况表"等材料提交给仲裁庭。

第二十七条 首席仲裁员应召集组庭仲裁员认真审阅案件材料，了解案情，掌握争议焦点，研究当事人的请求和理由，查核证据，整理需要庭审调查的主要问题。

第二十八条 独任仲裁员召集当事人进行调解。达成协议的，由当事人签字、盖章或按指印，制成调解书，加盖仲裁委员会印章。调解不成的，开庭审理并做出裁决。审理过程中发现案情复杂的，独任仲裁员应当立即休庭，向仲裁委员会报告。经仲裁委员会主任（委托授权人）批准，由仲裁办组织当事人按照法律规定重新选定三名仲裁员组成仲裁庭，重新审理。

第二十九条 有下列情形的，仲裁庭向仲裁办提出实地调查取证的申请，经主任批准后，组织开展调查取证：

（一）当事人及其代理人因客观原因不能自行收集的；
（二）仲裁庭认为需要由有关部门进行司法鉴定的；
（三）双方当事人提供的证据互相矛盾、难以认定的；
（四）仲裁庭认为有必要采集的。

第三十条 仲裁办应协助仲裁员实地调查取证。实地调查的笔录，要由调查人、被调查人、记录人、在场人签名、盖章或者按指印。被调查人等拒绝在调查笔录上签名、盖章或者按指印的，调查人应在调查笔录上备注说明。

仲裁员询问证人时，应填写"证人情况表"，询问证人与本案当事人的关系，告知证人作证的权利和义务。询问证人时应制作笔录，由证人在笔录上逐页签名、盖章或者按指印。如果证人无自阅能力，询问人当面读笔录，询问证人是否听懂，是否属实，并将证人对笔录属实与否的意见记入笔录，由证人逐页签名、盖章或者按指印。

第三十一条 仲裁庭决定开庭时间和地点，并告知仲裁办。仲裁办在开庭前五个工作日内，向双方当事人、第三人及其代理人送达《开庭通知书》。

当事人请求变更开庭时间和地点的，必须在开庭前3个工作日内向仲裁办提出，并说明理由。仲裁办将变更请求交仲裁庭。仲裁庭决定变更的，仲裁办将"变更开庭时间（地点）通知书"，送达双方当事人、第三人和其他参与人；决定不变更的，仲裁办将"不同意变更开庭时间（地点）通知书"送达提出变更请求的当事人。

第三十二条 仲裁办工作人员应及时将开庭时间、地点、案由、仲裁庭组成人员在仲裁委员会公告栏进行公告。

仲裁办指定专人接受公民的旁听申请，登记旁听人员的身份信息、与案件当事人的关系，核发旁听证。

第三十三条 开庭前，仲裁庭询问当事人是否愿意调解，提出调解方案，并主持调解。达成调解协议的，仲裁庭制作调解书，由当事人签名或盖章。首席仲裁员将案件材料整理移交仲裁办归档，仲裁庭解散。调解不成的，开庭审理。

第三十四条 对当事人提出财产、证据保全申请的，仲裁庭进行审查，制作"财产保全移送函"、"证据保全移送函"，与当事人提出的保全申请一并提交保全物所在地的基层人民法院。

第三十五条 对当事人反映仲裁员违反回避制度的，仲裁办主任进行核实。属实的，报仲裁委员会主任或仲裁委员会按程序规定办理。不属实的，向当事人说明情况。

第三节 开庭审理

第三十六条 农村土地承包经营纠纷仲裁应当公开开庭审理。仲裁员庭审应统一服装，庭审用语应当准确、规范、文明。

第三十七条 仲裁办应当为仲裁庭开庭提供场所和庭审设施设备，安排工作人员协助仲裁员开庭审理。书记员配合仲裁员完成证据展示、笔录等庭审工作。工作人员负责操作开庭审理的录音、录像设备；有证人、鉴定人、勘验人到庭的，安排其在仲裁庭外指定场所休息候传，由专人引领其出庭。

第三十八条 仲裁办核查当事人身份，安排当事人入场；核查旁听证，安排旁听人员入场。

仲裁员在合议调解庭休息等候。

第三十九条 仲裁庭庭审程序如下：

（一）书记员宣读庭审纪律，核实申请人、被申请人、第三人以及委托代理人的身份及到庭情况，并报告首席仲裁员。

（二）首席仲裁员宣布开庭，向当事人、第三人及委托代理人宣告首席仲裁员、仲裁员身份，当事人和第三人的权利义务；询问当事人是否听明白，是否申请仲裁员回避。

（三）首席仲裁员请申请人或其委托代理人陈述仲裁请求、依据的事实和理由；请被申请人或其委托代理人进行答辩。首席仲裁员总结概括争论焦点。

（四）仲裁员向当事人及第三人简要介绍有关证据规定及应承担的法律责任。组织双方当事人对自己的主张进行举证、质证。对当事人提供证人、鉴定人的，传证人、鉴定人到庭作证。对当事人提供证据的真实性无法确认的,仲裁庭在休庭期间交鉴定机构进行鉴定,在继续开庭后由首席仲裁员当庭宣读鉴定书。仲裁庭自行取证的,交双方当事人质证。

(五)在开庭审理期间,仲裁庭发现需要追加第三人的,应宣布休庭。仲裁办通知第三人参加庭审。

(六)根据案件审理情况,当事人需要补充证据的或仲裁庭需要实地调查取证的,首席仲裁员宣布休庭。仲裁员征求双方当事人意见,确定补充证据提交期间。休庭期间,仲裁员和仲裁工作人员进行调查取证。

(七)辩论结束后,首席仲裁员根据陈述、举证、质证、辩论情况,进行小结;组织双方当事人、第三人做最后陈述。

(八)首席仲裁员询问当事人是否愿意进行调解。同意调解的,仲裁员根据双方的一致意见制作调解书,并由当事人签名或盖章、签收。不同意调解的,由仲裁庭合议后作出裁决,宣布闭庭。

(九)退庭前,书记员请双方当事人、第三人核实庭审笔录,并签字盖章或者按指印。对于庭审笔录有争议的,调取录像视频材料比对确认。

第四十条 仲裁庭在做出裁决前,对当事人提出的先行裁定申请进行审查,权利义务关系比较明确的,仲裁庭可以做出维持现状、恢复农业生产以及停止取土、占地等行为的先行裁定书,并告知当事人向法院提出执行申请。

第四节 合议与裁决

第四十一条 仲裁庭在庭审调查结束后,首席仲裁员宣布休庭,组织仲裁员在合议场所进行合议。仲裁员分别对案件提出评议意见,裁决按照多数仲裁员的意见作出,少数仲裁员的不同意见记入合议笔录。合议不能形成多数意见的,按首席仲裁员意见作出裁决。书记员对合议过程全程记录,由仲裁员分别在记录上签名。

仲裁庭合议过程保密,参与合议的仲裁员、书记员不得向外界透露合议情况。合议记录未经仲裁委员会主任批准任何人不得查阅。

第四十二条 仲裁庭合议后作出裁决。首席仲裁员可以当庭向双方当事人及第三人宣布裁决结果,也可以闭庭后送达裁决书,宣布裁决结果。

对于案情重大复杂、当事人双方利益冲突较大、涉案人员众多等不宜当庭宣布裁决结果的,应以送达裁决书方式告知当事人及第三人裁决结果。

第四十三条 裁决书由首席仲裁员制作,三名仲裁员在裁决书上签字,报仲裁委员会主任(委托授权人)审核,加盖仲裁委员会印章。仲裁员签字的裁决书归档。书记员按照当事人人数打印裁决书,核对无误后,加盖仲裁委员会印章,由仲裁办指定人员送达当事人及第三人。

第四十四条 裁决书应当事实清楚,论据充分,适用法律准确、全面,格式规范。

仲裁庭对裁决书存在文字、计算等错误,或者遗漏事项需要补正的,应及时予以补正,补正裁决书应及时送达双方当事人及第三人。

第四十五条 对案情重大、复杂的案件,仲裁庭调解不成的,应报告仲裁委员会主任决定开庭审理。必要时,仲裁委员会主任可召开临时仲裁委员会全体会议研究审议。决定开庭审理的,仲裁委员会协助仲裁庭完成庭审工作。

第五节 送达与归档

第四十六条 仲裁办根据仲裁案件的受理、调解、仲裁等进度,严格按照法律规定程序和时限要求，及时送达相关文书，通知当事人、第三人及代理人参加仲裁活动。

第四十七条　仲裁办工作人员采取直接送达的，保留被送达人签收的送达回证；邮寄送达的，保留邮局的挂号收条；电话通知的，保留通话录音。被送达人拒绝签收的，工作人员可以采取拍照、录像或者法律规定的 3 人以上在场签字等方式，证明已送达。公告送达的，仲裁办应当保留刊登公告的相关报刊、图片等，在电子公告栏公告的，拍照留证，保留相关审批资料。

第四十八条　仲裁案件结案后 10 个工作日内，首席仲裁员对案件仲裁过程中涉及的文书、证据等相关资料进行整理、装订、交仲裁办归档。

第四十九条　仲裁办设立档案室，对农村土地承包纠纷调解仲裁档案进行保管。确定专人负责档案验收归档、档案查阅、保管等。制定档案查阅管理办法，明确档案查阅范围和查阅方式。

第五章　仲裁基础设施建设

第五十条　农村土地承包仲裁委员会以满足仲裁工作需要为目标，按照统一建设标准，规范开展基础设施建设。

第五十一条　农村土地承包经营纠纷仲裁基础设施建设重点为"一庭三室"，包括仲裁庭、合议调解室、案件受理室、档案会商室等固定仲裁场所建设，配套音视频显示和安防监控系统等建筑设备建设。

配套仲裁日常办公设备、仲裁调查取证、流动仲裁庭设备等办案设备。

第五十二条　农村土地承包经营纠纷仲裁基础设施建设内容包括：

仲裁场所土建工程。新建或部分新建仲裁庭、合议调解室、案件受理室和档案会商室等仲裁场所,使用面积不低于268平方米。工程建设具体为门窗、墙地面、吊顶等建设及内部装修,暖通空调、供电照明和弱电系统等建筑设备安装,档案密集柜安装。

配备音视频显示系统。包括拾音、录音、扩音等音频信息采集和录播系统,文档图片视频播放、证据展示台等视频控制系统,电子公告牌、电子横幅、告示屏等显示系统及其集成。

配备安防监控系统。包括监控录像、应急安全报警联动、手机信号屏蔽、信息存储调用等系统及其集成。

配置仲裁设备。包括电子办公设备、录音录像及测绘设备和交通工具(配备具有统一标识的仲裁办案专用车)。

第五十三条 农村土地承包经营纠纷仲裁场所建设应尽可能独立成区,布局合理紧凑,以仲裁庭为中心,接待区域、庭审区域与办公区域相互隔离。具有独立的出入口,方便群众申请仲裁。

第五十四条 仲裁场所建筑设计、建造应符合经济、实用、美观的原则。建筑内部装修宜严肃、简洁、庄重,仲裁庭悬挂统一仲裁标志。建筑外观采用统一的形象标识。

第五十五条 编制仲裁委员会办公办案场所及物质装备建设计划,确定专人组织实施建设项目。

第六章 仲 裁 制 度

第五十六条 制定印章管理办法。仲裁委员会印章由仲裁办明确专人管理。严格执行审批程序,印章使用需经仲裁办主任批准或授权。明确印章使用范围,印章管理人员应对加盖印章的各类仲裁文书及材料进行审查、留档,设立印章使用登记簿,并定期对登记清单进行整理、归档备查。

第五十七条 制定仲裁设施设备管理办法。仲裁办明确专人负责仲裁设施设备管理。设备领用应严格执行"申请—批准—登记—归还"的程序。仲裁设施设备不得挪作他用,未经仲裁办主任批准不得出借,严禁出租盈利。

第五十八条 加强仲裁员队伍管理。仲裁员在聘任期内,因各种原因不能正常办案的,应及时告知仲裁办;因故无法承办案件的,可提出不再担任仲裁员的申请,经仲裁委员会全体会议讨论通过,批准解聘。

仲裁办根据仲裁员的业务能力、工作经验和实际表现,逐步实行仲裁员分级管理。对仲裁员的仲裁活动予以监督,保证办案过程公正、廉洁、高效。建立仲裁员管理档案,准确记录仲裁员品行表现、办案情况、参加业务培训、年度考核结果及参加仲裁委员会其他活动的情况。

第五十九条 建立案件监督管理制度。仲裁办主任对仲裁案件实行统一监督管理。对仲裁案件进行期限跟踪,对办理期限即将届满的案件,予以警示催办;对超期限未办结的,应进行专案督办,限期结案。对仲裁案件进行后续跟踪,及时掌握调解裁决后执行情况及问题。

第六十条 建立法制宣传教育工作制度。仲裁委员会接受政府委托,利用农贸会、庙会和农村各种集市,组织仲裁员和调解员开展现场法律咨询,发放法制宣传资料。乡镇调解委员会在村内设置法律宣传栏,系统解读法律,深入解析典型案例。注重发挥庭审的宣传教育作用,鼓励和组织人民群众参加庭审旁听。

第六十一条 建立完善仲裁经费管理制度。仲裁办编制仲裁工作经费预算,明确经费开支范围和开支标准,并在核定的预算范围内严格执行。各地根据当地情况制定办案仲裁员补贴和仲裁工作人员劳务费用补助标准，妥善解决仲裁员补贴和仲裁工作人员的劳务费用。当事人委托进行证据专业鉴定的，鉴定费用由当事人承担。

第六十二条 建立仲裁档案管理制度。案件结案后仲裁员应及时将案件材料归档，应归必归，不得短缺和遗漏。规范档案整理装订。落实档案管理岗位责任制，强化档案保管安全，严格档案借阅、查阅手续。当事人及其他相关人员在档案管理员指定地点查阅、复印调解书、裁决书、证据等非保密档案资料。仲裁委员会及仲裁办内部人员调阅仲裁档案，须经仲裁办主任批准。

第七章 附 则

第六十三条 本规范由农业部负责解释。

第六十四条 本规范自印发之日起实施。

农业部关于加强基层农村土地承包调解体系建设的意见

（2016年5月24日印发 农经发〔2016〕8号）

各省（区、市）农业（农牧、农村经济）厅（局、委）：

按照中央《关于完善矛盾纠纷多元化解机制的意见》（中办发〔2015〕60号）精神要求，现就加强农村土地承包调解体系建设提出如下意见。

一、总体要求和基本原则

总体要求是：全面贯彻党的十八大和十八届三中、四中、五中全会精神，以邓小平理论、"三个代表"重要思想、科学发展观为指导,深入贯彻习近平总书记系列重要讲话精神,认真贯彻实施农村土地承包经营纠纷调解仲裁法,加强基层农村土地承包调解体系建设,完善制度,建立调解员队伍,加强能力建设,形成"乡村调解、县市仲裁、司法保障"的农村土地承包经营纠纷化解机制。

基本原则:

——坚持便民高效、符合实际。把方便群众作为出发点和落脚点,为农民群众解决纠纷提供畅通便捷渠道。乡村调解组织、调解程序和调解方式要符合当地实际、方便群众、快捷高效。

——坚持依法规范,健全制度。遵循农村土地承包法律政策要求,完善乡村土地承包调解制度,规范调解程序,运用法治思维和法治方式化解农村土地承包纠纷。

——坚持尊重实践,创新方式。充分尊重地方纠纷调解工作实践,探索多种模式完善基层土地承包调解体系,创新工作方式,积极有效开展调解工作。

——坚持多元化解,形成合力。乡村土地承包调解要与人民调解、行政调解、司法调解相衔接,加强部门配合与协作,形成多元化解矛盾纠纷合力。

二、具体要求

(一)加强农村土地承包调解组织建设。乡镇根据工作需要设立或明确农村土地承包调解委员会。农村土地承包调解委员会应当制定章程,明确成员构成、职责、议事规则等,配备调解人员,建立调解工作岗位责任制。村组应设立调解小组或指定专人调解,分区分片明确责任,实行村组土地承包经营纠纷调解负责制。

(二)加强农村土地承包调解员队伍建设。乡村农村土地承包调解员,应当熟悉农村土地承包法律政策,了解当地情况。农村土地承包调解组织应当适时对调解员进行培训。农村土地承包仲裁委员会应当指导调解员的培训。各级农村土地承包管理部门要积极争取各级财政扶持，充分利用"三农"有关培训项目开展调解人员培训，力争用3到5年时间将农村土地承包调解人员轮训一遍，建立一支群众信得过的调解员队伍。

（三）加强农村土地承包经营纠纷调解能力建设。乡镇要充分利用和整合现有资源，配备必要设施设备，改善农村土地承包调解委员会工作条件，保障工作经费。利用"互联网+"等现代信息技术，打造乡镇纠纷化解、法律宣传、咨询服务三位一体的综合平台。村组要综合利用现有场所、设施设备等资源，夯实纠纷调解工作基础，争取各级财政支持，开展法律政策宣传，察验民情民意，消除纠纷隐患，建立纠纷化解第一道防线。

（四）规范农村土地承包调解工作

1. 明确调解范围。农村土地承包调解范围是：因订立、履行、变更、解除和终止农村土地承包合同发生的纠纷；因农村土地承包经营权转包、出租、互换、转让、入股等流转发生的纠纷；因收回、调整承包地发生的纠纷；因确认农村土地承包经营权发生的纠纷；因侵害农村土地承包经营权发生的纠纷；农民请求调解的其他农村土地承包经营纠纷。

2. 规范调解程序。调解可参照如下程序进行：（1）当事人申请调解的，村组或乡镇农村土地承包调解委员会应当调解；农村土地承包调解员也可以主动调解。（2）调解由1—2名调解员进行。调解员应充分听取当事人的陈述，讲解有关法律法规和国家政策，耐心疏导，引导当事人平等协商、互谅互让，达成调解协议。当事人要求调查取证的，调解员可以进行。（3）调解员应根据当事人达成的协议，依法制作调解协议书。双方当事人和解后要求制作调解协议书的，调解员可以制作。调解协议书由双方当事人签名、盖章或者按指印，经调解人员签名并加盖调解组织印章后生效。调解不成的，调解员应告知当事人可以通过仲裁、诉讼等途径解决纠纷。（4）调解员应当将双方当事人基本情况、争议内容、调查取证、调解情况记录、调解协议书等材料立卷归档。

3. 健全调解工作制度。乡镇农村土地承包调解委员会应当制定章程，建立纠纷受理、调解、履行、回访等工作制度。建立矛盾纠纷定期通报、研判等制度。加强风险防控，建立信息反馈制度，及时向有关部门提供纠纷信息。建立告知引导制度，引导当事人依法维护自身权益。建立调解工作定期考评制度。

三、加强领导和工作保障

按照"属地管理"和"谁主管谁负责"原则，将基层农村土地承包调解工作纳入基层党委政府提升社会治理能力、深入推进平安建设、法制建设的总体部署，加强领导。各级农村土地承包管理部门要按照中央要求，指导乡村调解工作，配合综治组织，开展农村土地承包调解工作考核。县级以上人民政府有关部门应当按照职责分工，支持农村土地承包调解组织依法开展工作。各地要将乡村调解工作经费纳入财政预算予以保障，适当安排调解员工作补贴经费。

最高人民法院关于审理涉及农村土地承包纠纷案件适用法律问题的解释

〔2005年3月29日最高人民法院审判委员会第1346次会议通过、2005年7月29日公布、自2005年9月1日起施行（法释〔2005〕6号）根据2020年12月23日最高人民法院审判委员会第1823次会议通过、2020年12月29日公布、自2021年1月1日起施行的《最高人民法院关于修改〈最高人民法院关于在民事审判工作中适用《中华人民共和国工会法》若干问题的解释〉等二十七件民事类司法解释的决定》（法释〔2020〕17号）修正〕

为正确审理农村土地承包纠纷案件，依法保护当事人的合法权益，根据《中华人民共和国民法典》《中华人民共和国农村土地承包法》《中华人民共和国土地管理法》《中华人民共和国民事诉讼法》等法律的规定，结合民事审判实践，制定本解释。

一、受理与诉讼主体

第一条 下列涉及农村土地承包民事纠纷，人民法院应当依法受理：

（一）承包合同纠纷；

（二）承包经营权侵权纠纷；

（三）土地经营权侵权纠纷；

（四）承包经营权互换、转让纠纷；

（五）土地经营权流转纠纷；

（六）承包地征收补偿费用分配纠纷；

（七）承包经营权继承纠纷；

（八）土地经营权继承纠纷。

农村集体经济组织成员因未实际取得土地承包经营权提起民事诉讼的，人民法院应当告知其向有关行政主管部门申请解决。

农村集体经济组织成员就用于分配的土地补偿费数额提起民事诉讼的，人民法院不予受理。

第二条 当事人自愿达成书面仲裁协议的，受诉人民法院应当参照《最高人民法院关于适用〈中华人民共和国民事诉讼法〉的解释》第二百一十五条、第二百一十六条的规定处理。

当事人未达成书面仲裁协议，一方当事人向农村土地承包仲裁机构申请仲裁，另一方当事人提起诉讼的，人民法院应予受理，并书面通知仲裁机构。但另一方当事人接受仲裁管辖后又起诉的，人民法院不予受理。

当事人对仲裁裁决不服并在收到裁决书之日起三十日内提起诉讼的，人民法院应予受理。

第三条 承包合同纠纷，以发包方和承包方为当事人。

前款所称承包方是指以家庭承包方式承包本集体经济组织农村土地的农户，以及以其他方式承包农村土地的组织或者个人。

第四条 农户成员为多人的，由其代表人进行诉讼。

农户代表人按照下列情形确定：

（一）土地承包经营权证等证书上记载的人；

（二）未依法登记取得土地承包经营权证等证书的，为在承包合同上签名的人；

（三）前两项规定的人死亡、丧失民事行为能力或者因其他原因无法进行诉讼的,为农户成员推选的人。

二、家庭承包纠纷案件的处理

第五条 承包合同中有关收回、调整承包地的约定违反农村土地承包法第二十七条、第二十八条、第三十一条规定的,应当认定该约定无效。

第六条 因发包方违法收回、调整承包地,或者因发包方收回承包方弃耕、撂荒的承包地产生的纠纷,按照下列情形,分别处理:

(一)发包方未将承包地另行发包,承包方请求返还承包地的,应予支持;

(二)发包方已将承包地另行发包给第三人,承包方以发包方和第三人为共同被告,请求确认其所签订的承包合同无效、返还承包地并赔偿损失的,应予支持。但属于承包方弃耕、撂荒情形的,对其赔偿损失的诉讼请求,不予支持。

前款第(二)项所称的第三人,请求受益方补偿其在承包地上的合理投入的,应予支持。

第七条 承包合同约定或者土地承包经营权证等证书记载的承包期限短于农村土地承包法规定的期限,承包方请求延长的,应予支持。

第八条 承包方违反农村土地承包法第十八条规定,未经依法批准将承包地用于非农建设或者对承包地造成永久性损害,发包方请求承包方停止侵害、恢复原状或者赔偿损失的,应予支持。

第九条 发包方根据农村土地承包法第二十七条规定收回承包地前,承包方已经以出租、入股或者其他形式将其土地经营权流转给第三人,且流转期限尚未届满,因流转价款收取产生的纠纷,按照下列情形,分别处理:

（一）承包方已经一次性收取了流转价款，发包方请求承包方返还剩余流转期限的流转价款的，应予支持；

（二）流转价款为分期支付，发包方请求第三人按照流转合同的约定支付流转价款的，应予支持。

第十条 承包方交回承包地不符合农村土地承包法第三十条规定程序的，不得认定其为自愿交回。

第十一条 土地经营权流转中，本集体经济组织成员在流转价款、流转期限等主要内容相同的条件下主张优先权的，应予支持。但下列情形除外：

（一）在书面公示的合理期限内未提出优先权主张的；

（二）未经书面公示，在本集体经济组织以外的人开始使用承包地两个月内未提出优先权主张的。

第十二条 发包方胁迫承包方将土地经营权流转给第三人，承包方请求撤销其与第三人签订的流转合同的，应予支持。

发包方阻碍承包方依法流转土地经营权，承包方请求排除妨碍、赔偿损失的，应予支持。

第十三条 承包方未经发包方同意，转让其土地承包经营权的，转让合同无效。但发包方无法定理由不同意或者拖延表态的除外。

第十四条 承包方依法采取出租、入股或者其他方式流转土地经营权，发包方仅以该土地经营权流转合同未报其备案为由，请求确认合同无效的，不予支持。

第十五条 因承包方不收取流转价款或者向对方支付费用的约定产生纠纷，当事人协商变更无法达成一致，且继续履行又显失公平的，人民法院可以根据发生变更的客观情况，按照公平原则处理。

第十六条 当事人对出租地流转期限没有约定或者约定不明的，参照民法典第七百三十条规定处理。除当事人另有约定或者属于林地承包经营外,承包地交回的时间应当在农作物收获期结束后或者下一耕种期开始前。

对提高土地生产能力的投入,对方当事人请求承包方给予相应补偿的,应予支持。

第十七条 发包方或者其他组织、个人擅自截留、扣缴承包收益或者土地经营权流转收益,承包方请求返还的,应予支持。

发包方或者其他组织、个人主张抵销的,不予支持。

三、其他方式承包纠纷的处理

第十八条 本集体经济组织成员在承包费、承包期限等主要内容相同的条件下主张优先承包的,应予支持。但在发包方将农村土地发包给本集体经济组织以外的组织或者个人,已经法律规定的民主议定程序通过,并由乡(镇)人民政府批准后主张优先承包的,不予支持。

第十九条 发包方就同一土地签订两个以上承包合同,承包方均主张取得土地经营权的,按照下列情形,分别处理:

(一)已经依法登记的承包方,取得土地经营权;

(二)均未依法登记的,生效在先合同的承包方取得土地经营权;

(三)依前两项规定无法确定的,已经根据承包合同合法占有使用承包地的人取得土地经营权,但争议发生后一方强行先占承包地的行为和事实,不得作为确定土地经营权的依据。

四、土地征收补偿费用分配及土地承包经营权继承纠纷的处理

第二十条 承包地被依法征收,承包方请求发包方给付已经收

到的地上附着物和青苗的补偿费的,应予支持。

承包方已将土地经营权以出租、入股或者其他方式流转给第三人的,除当事人另有约定外,青苗补偿费归实际投入人所有,地上附着物补偿费归附着物所有人所有。

第二十一条 承包地被依法征收,放弃统一安置的家庭承包方,请求发包方给付已经收到的安置补助费的,应予支持。

第二十二条 农村集体经济组织或者村民委员会、村民小组,可以依照法律规定的民主议定程序,决定在本集体经济组织内部分配已经收到的土地补偿费。征地补偿安置方案确定时已经具有本集体经济组织成员资格的人,请求支付相应份额的,应予支持。但已报全国人大常委会、国务院备案的地方性法规、自治条例和单行条例、地方政府规章对土地补偿费在农村集体经济组织内部的分配办法另有规定的除外。

第二十三条 林地家庭承包中,承包方的继承人请求在承包期内继续承包的,应予支持。

其他方式承包中,承包方的继承人或者权利义务承受者请求在承包期内继续承包的,应予支持。

五、其他规定

第二十四条 人民法院在审理涉及本解释第五条、第六条第一款第(二)项及第二款、第十五条的纠纷案件时,应当着重进行调解。必要时可以委托人民调解组织进行调解。

第二十五条 本解释自 2005 年 9 月 1 日起施行。施行后受理的第一审案件,适用本解释的规定。

施行前已经生效的司法解释与本解释不一致的,以本解释为准。

最高人民法院关于审理涉及
农村土地承包经营纠纷调解仲裁案件
适用法律若干问题的解释

[2013年12月27日最高人民法院审判委员会第1601次会议通过、2014年1月9日公布、自2014年1月24日起施行（法释〔2014〕1号） 根据2020年12月23日最高人民法院审判委员会第1823次会议通过、2020年12月29日公布、自2021年1月1日起施行的《最高人民法院关于修改〈最高人民法院关于在民事审判工作中适用《中华人民共和国工会法》若干问题的解释〉等二十七件民事类司法解释的决定》（法释〔2020〕17号）修正]

为正确审理涉及农村土地承包经营纠纷调解仲裁案件，根据《中华人民共和国农村土地承包法》《中华人民共和国农村土地承包经营纠纷调解仲裁法》《中华人民共和国民事诉讼法》等法律的规定，结合民事审判实践，就审理涉及农村土地承包经营纠纷调解仲裁案件适用法律的若干问题，制定本解释。

第一条 农村土地承包仲裁委员会根据农村土地承包经营纠纷调解仲裁法第十八条规定，以超过申请仲裁的时效期间为由驳回申请后，当事人就同一纠纷提起诉讼的，人民法院应予受理。

第二条 当事人在收到农村土地承包仲裁委员会作出的裁决书之日起三十日后或者签收农村土地承包仲裁委员会作出的调解书后，就同一纠纷向人民法院提起诉讼的，裁定不予受理；已经受理的，裁定驳回起诉。

第三条 当事人在收到农村土地承包仲裁委员会作出的裁决书之日起三十日内，向人民法院提起诉讼，请求撤销仲裁裁决的，人民法院应当告知当事人就原纠纷提起诉讼。

第四条 农村土地承包仲裁委员会依法向人民法院提交当事人财产保全申请的，申请财产保全的当事人为申请人。

农村土地承包仲裁委员会应当提交下列材料：

（一）财产保全申请书；

（二）农村土地承包仲裁委员会发出的受理案件通知书；

（三）申请人的身份证明；

（四）申请保全财产的具体情况。

人民法院采取保全措施，可以责令申请人提供担保，申请人不提供担保的，裁定驳回申请。

第五条 人民法院对农村土地承包仲裁委员会提交的财产保全申请材料，应当进行审查。符合前条规定的，应予受理；申请材料不齐全或不符合规定的，人民法院应当告知农村土地承包仲裁委员会需要补齐的内容。

人民法院决定受理的，应当于三日内向当事人送达受理通知书并告知农村土地承包仲裁委员会。

第六条 人民法院受理财产保全申请后，应当在十日内作出裁定。因特殊情况需要延长的，经本院院长批准，可以延长五日。

人民法院接受申请后，对情况紧急的，必须在四十八小时内作出裁定；裁定采取保全措施的，应当立即开始执行。

第七条 农村土地承包经营纠纷仲裁中采取的财产保全措施，在申请保全的当事人依法提起诉讼后，自动转为诉讼中的财产保全措施，并适用《最高人民法院关于适用〈中华人民共和国民事诉讼法〉的解释》第四百八十七条关于查封、扣押、冻结期限的规定。

第八条 农村土地承包仲裁委员会依法向人民法院提交当事人证据保全申请的，应当提供下列材料：

（一）证据保全申请书；

（二）农村土地承包仲裁委员会发出的受理案件通知书；

（三）申请人的身份证明；

（四）申请保全证据的具体情况。

对证据保全的具体程序事项，适用本解释第五、六、七条关于财产保全的规定。

第九条 农村土地承包仲裁委员会作出先行裁定后，一方当事人依法向被执行人住所地或者被执行的财产所在地基层人民法院申请执行的，人民法院应予受理和执行。

申请执行先行裁定的，应当提供以下材料：

（一）申请执行书；

（二）农村土地承包仲裁委员会作出的先行裁定书；

（三）申请执行人的身份证明；

（四）申请执行人提供的担保情况；

（五）其他应当提交的文件或证件。

第十条 当事人根据农村土地承包经营纠纷调解仲裁法第四十九条规定，向人民法院申请执行调解书、裁决书，符合《最高人民法院关于人民法院执行工作若干问题的规定（试行）》第十六条规定条件的，人民法院应予受理和执行。

第十一条 当事人因不服农村土地承包仲裁委员会作出的仲裁裁决向人民法院提起诉讼的，起诉期从其收到裁决书的次日起计算。

第十二条 本解释施行后,人民法院尚未审结的一审、二审案件适用本解释规定。本解释施行前已经作出生效裁判的案件,本解释施行后依法再审的,不适用本解释规定。